LOGOMANIAMINI

FRESHLY MADE | LIFTING

VOL.1

LOGOMANIA MINI PART 1

PHOTOGRAPHY BY
EOLO PERFIDO - SMALLSTUDIO.COM

PROLOGUE WRITTEN BY
CARLO BRANZAGLIA

GRAPHIC DESIGN
WWW.ZONACOMUNICACIO.COM

TRANSLATORS
DANIÈLE CASTIN, ENGLISH-FRENCH, ENGLISH-SPANISH
SUSANNE POSPIECH, SPANISH-GERMAN
ANTONIETTA DI SCIUVA, ITALIAN-ENGLISH

ISBN-13: 978-84-936508-4-1
2009 © PROMOPRESS

BIBLIOGRAPHICAL NOTE
LOGOMANIA MINI PART 1, FIRST PUBLISHED IN 2009 BY
PROMOPRESS, CONTAINS A SELECTION OF IMAGES FROM
THE BOOK LOGOMANIA ORIGINALLY PUBLISHED BY RED
PUBLISHING IN 2006.

PROMOPRESS IS THE COMMERCIAL BRAND OF:
PROMOTORA DE PRENSA INTERNACIONAL S.A.
C/ AUSIÀS MARCH, 124
08013 BARCELONA - SPAIN
TEL. +34 932 451 464
FAX +34 932 654 883
INFO@PROMOPRESS.ES
WWW.PROMOPRESS.ES

B-11897/09 LEGAL DEPOSIT
PRINTED IN SPAIN BY S.A. DE LITOGRAFIA

All rights reserved. No part of this publication may be
reproduced or transmitted in any form or by any means,
electronic or mechanical, including photocopy or any
storage and retrieval system, without permission in writing
from the publisher.

Todos los derechos reservados. Esta publicación no puede
reproducirse ni transmitirse en todo ni en parte, de ninguna
forma ni por ningún medio, electrónico o mecánico, incluyendo
fotocopia, grabación o cualquier sistema de almacenamiento,
sin el permiso previo por escrito del editor.

P.14

Freshly made

P.184

Lifting

ENG_

CARLO BRANZAGLIA
TEACHER AT THE BOLOGNA ACADEMY OF FINE ARTS
MANAGING DIRECTOR OF ARTLAB

LOGO'S MANY FACES

Before getting to the heart of the content of this book, let's make a purely linguistic remark: the word "logo", which should be simply a diminutive of logotype, is gradually taking on the meaning of trademark. As a matter of fact, the word logotype refers simply to a textual element, whereas trademark refers to its figurative version, which may be an abstract image or a schematized representation. Certainly, for this book, the word "logo" has been chosen because its immediacy and incisiveness, but we can assume that the generalization of its meaning is due to a more widespread (albeit imprecise) usage of the word itself among a larger segment of the population. However this popularity is a good thing. A great contribution to this shift in meaning certainly comes from the best-seller "No Logo" by Naomi Klein, who, while using this most effective title in reference to the global economy, hints at the importance of the trademark in the commercial policies of big companies.

MANY WAYS

Firstly *Logomanía* highlights the amplitude of the concepts "logo" and "trademark", with regard to their various forms and functions. The idea of an element as an emblematic symbol of a product and its communication (conceptually derived from the heraldic tradition) can be applied to a great variety of situations. In *Logomanía* we can find a good many such instances, regarding contexts which are different in many respects: the commercial aspect (companies and institutions have different characteristics), the designers (more generations of designers are represented), the market (commercial products have different target customers), the stylistic aspect (this is evident in the mix and diversity of visual trends and styles, both past and present).

We could then engage in classifying the formal characteristics of these designs: a few pages would be enough to list all possible nuances between a logotype made of lettering only and a logotype rich in iconography: in other words, between abstraction and figuration; between independence and dependence from the product typology of a company; between graphics and calligraphy; between fidelity and non fidelity to specific stylistic influences, and so on. However, it is even more interesting to see how the very function of the trademark changes through time.

MANY FUNCTIONS

This book underlines the many functional differences between the trademark and corporate identity: their most common purpose is to define the DNA of a company; on the other hand, the trademark can in turn take second place and be overshadowed by peculiar chromatic or formal, or even stylistic choices. But these are the two extremes. *Logomanía* presents an eclectic array of diverse logotypes and in so doing, it shows the sheer number and variety of functions, which can be attributed to a logo or a trademark these days. Logos can still work as "emblems", enhancing the added value of a message or a product, its institutional authoritativeness or indeed its prestige, in case of a highly symbolic product (such as clothes), but this function diminishes when the constituent elements of trademarks and logos turn into a modular decorative element, into a formal or chromatic reference palette, eventually into the main character of communication, irrespective of the material in use. Often this central role (whether figurative or not) is so evident that the trademark itself is bound to change, neither because of premature ageing, nor for the will to follow current trends, but in response to the need of keeping its own basic identity in the tone of communication being adopted, with scant attention to the visual elements which are used.

A true master of this particular use of the logo, who has actually long been forgotten, is Elio Fiorucci, who not only changed fashion, but the way fashion was communicated. And, eventually, communication itself.

ITA_

CARLO BRANZAGLIA
DOCENTE ALL'ACCADEMIA DI BELLE ARTI DI BOLOGNA
DIRETTORE EDITORIALE DI ARTLAB

LE MOLTE FACCE DEL LOGO

Una prima considerazione da fare, nell'affrontare la sequenza di artefatti che segue, è puramente linguistica: il termine logo, che dovrebbe essere un diminutivo di logotipo, sta pian piano assumendo anche il concetto di marchio. Canonicamente, infatti, si intende per logotipo una sigla unicamente testuale, e per marchio, appunto, la sua versione figurativa (sia che si tratti di immagine astratta o di rappresentazione più o meno schematizzata). Nel caso di questo volume, è ovvio che l'obiettivo è anche quello di avere un titolo più incisivo, e di immediata intuizione. In generale possiamo però dire che questa perdita di sfumature è legata ad un uso più generale e, si passi il termine, popolare del termine logo: il che di fatto è comunque segno dell' acquisizione del suo significato (pur se imprecisa in termini specialistici) in una fascia più ampia di popolazione. Un buon segno: e fra i molti fattori che hanno determinato questo cambiamento, sicuramente possiamo annoverare il celeberrimo libro No logo di Naomi Klein, che, parlando di altro (economia globalizzata, in sostanza), lascia chiaramente intendere, con un titolo efficacissimo, l'importanza del marchio nelle politiche commerciali delle aziende.

MOLTI MODI

Ma la cosa che principalmente dimostra *Logomanía*, a prescindere dal fatto che si tratti di lavori di progettisti italiani, è quanto i concetti di marchio e di logotipo si siano ormai estesi, per ciò che riguarda la varietà delle loro forme e delle loro funzioni. L'idea di un elemento destinato a porre un sigillo sul prodotto e sulla comunicazione, che deriva non solo concettualmente dall'araldica nobiliare, subisce infatti una fortissima varietà di applicazioni.

E in *Logomanía* ne troviamo parecchi esempi, anche perché provenienti da contesti assai diversi sotto molti punti di vista: quello commerciale (si tratta di aziende o istituzioni di caratteristiche differenti); progettuale (è rappresentata ben più di una generazione di progettisti); di mercato (diversi sono i pubblici di riferimento ai quali i marchi si rivolgono); stilistico (nel mix fra atmosfere evocate e atmosfere visuali correnti).

Possiamo allora sicuramente sbizzarrirci a catalogare le impostazioni formali di questi progetti: basterebbero davvero poche pagine per verificare tutte le sfumature plausibili fra logotipo di solo lettering e marchio con forte presenza iconografica; fra astrazione e figurazione; fra indipendenza e dipendenza dalla tipologia merceologica dell'azienda; fra "grafica" e calligrafia; fra aderenza o meno a influenze stilistiche precise. E via dicendo. Forse però è più interessante annotare come sia la funzione stessa del marchio a mutare.

MOLTE FUNZIONI

Nel volume si osserva dunque come si possa andare dalla connotazione più canonica, quella che consegna al marchio e alla corporate identity il ruolo di definire il DNA di chi emette il messaggio; ad una visione più sfumata, nella quale lo stesso marchio passa in seconda linea rispetto a peculiari scelte cromatiche e formali, o stilistiche in senso proprio. ma le estremità non esistono; sono solo due polarità utili a catalogare queste immagini: *Logomanía* racconta anche e soprattutto la miriade di variabili intermedie. E, in ciò, mostra anche quali e quante funzioni possano essere oggi attribuite al marchio, o al logo.

Essi infatti possono funzionare ancora propriamente come "sigilli" destinati a segnalare il valore aggiunto di un messaggio o di un prodotto: la sua autorevolezza se istituzionale, il suo plus specie se legato a merci ad alta connotazione simbolica (l'abbigliamento, ad esempio). Ma tale ruolo si stempera nel momento in cui gli elementi costitutivi dei marchi e dei loghi diventano spunto segnaletico, elemento decorativo modulare, tavolozza formale o cromatica di riferimento, ed infine figura protagonista della comunicazione, qualunque sia il supporto adottato. Spesso questo protagonismo, figurativo o meno, è tanto spiccato da spingere ad un mutamento continuo del marchio stesso, soggetto non a invecchiamento precoce, né tanto alla volontà di inseguire le atmosfere correnti, quanto alla intenzione di mantenere una identità di fondo nel tono di comunicazione che si adotta, a prescindere quasi dagli elementi visuali effettivamente impiegati. Una linea che ha in realtà un maestro storico, davvero per lungo tempo isolato nella sua posizione: ovvero Elio Fiorucci, che non si limitò solamente a cambiare la moda, ma anche il modo di comunicarla. E di comunicare.

ESP_

CARLO BRANZAGLIA
PROFESOR EN LA ESCUELA DE BELLAS ARTES
DIRECTOR DE ARTLAB

LAS MULTIFACETAS DEL LOGO

Antes de llegar a lo esencial del contenido de este libro, hagamos un comentario puramente lingüístico: la palabra "logo", que debería ser teóricamente un simple diminutivo de "logotipo", está paulatinamente ganando terreno respecto al sentido de la palabra "marca". De hecho, la palabra "logotipo" se refiere simplemente a un elemento textual, mientras que "marca" se refiere a su versión figurativa, pudiendo ser una imagen abstracta o una representación esquematizada.
Es cierto que en este libro, la palabra "logo" ha sido elegida por su connotación de proximidad y mordacidad; sin embargo podemos asegurar que la generalización de su significado se debe a un uso más extendido (aunque impreciso) del vocablo en sí por una gran parte de la población. Esta popularidad es buena señal. Naomi Klein, autora del best seller "No logo" ha contribuido en gran manera a la evolución semántica del sentido de la palabra. A pesar de tratar un tema distinto (de hecho, economía mundial) y mediante un título extremadamente acertado, alude a la importancia de las marcas en las políticas comerciales de las grandes empresas.

DE MUCHAS MANERAS

En primer lugar, *Logomanía* subraya la amplitud de los conceptos de marca y logo, considerando sus formas y funciones. La idea de un elemento pensado como el emblema de un producto y su comunicación (que, por otra parte, no deriva solamente conceptualmente de heráldica), se aplica a muchos casos. *Logomanía* nos muestra muchos ejemplos en contextos que difieren en varios aspectos: el tema comercial (empresas e instituciones presentan características diferentes), los diseñadores (están representadas varias generaciones de diseñadores), el mercado (los productos comerciales tienen clientes objetivo distintos) y el estilismo (evidente teniendo en cuenta la mezcla y diversidad de los ambientes evocados y corrientes visuales).

Podríamos entretenernos a clasificar las características formales de estos proyectos: pocas páginas bastarían para enumerar todos los matices posibles entre un logotipo compuesto únicamente de caracteres y un logotipo rico en iconografía. En otras palabras, entre la abstracción y la figuración; entre la independencia y la dependencia de la tipología del producto de una empresa; entre gráfica y caligrafía; entre fidelidad e infidelidad a ciertas influencias estilísticas específicas, etc. No obstante, resulta aún más interesante seguir la evolución y los cambios de las marcas con el paso del tiempo.

VARIAS FUNCIONES

Este libro subraya las grandes diferencias de funciones entre marcas e identidad corporativa; siendo lo más usual la definición de ADN de la empresa. Por otra parte, la marca puede también encontrarse en segundo plano y estar ensombrecida por elecciones particulares, cromáticas o formales, incluso estilísticas. Hemos citado aquí sólo los dos extremos. *Logomanía* nos informa de las innumerables variables intermedias, mostrando así el número y la calidad de las funciones de una marca o logo que pueden ser atribuidos hoy en día.

Los logos pueden utilizarse como emblemas, mostrando el valor añadido de un mensaje o producto, su autoridad institucional, su plus, en caso de productos altamente simbólicos, tales como la ropa de vestir. En cambio, esta función desaparece cuando los elementos constituyentes de las marcas y los logos se transforman en elementos modulares decorativos, o en paleta de referencia cromática o formal y finalmente en protagonista de comunicación, importando poco el material utilizado. A menudo, el papel principal, figurativo o no figurativo, es tan evidente que la marca en sí está destinada a cambiar, ni a causa de un envejecimiento prematuro, ni tampoco por el deseo de seguir las tendencias actuales. Esto responde a la necesidad de conservar una identidad propia siguiendo el tono de comunicación adoptado y dando escasa importancia a los elementos visuales utilizados.

Esta línea ha tenido un maestro histórico, que, de hecho, ha sido olvidado durante largo tiempo: Elio Fiorucci, que no solamente ha cambiado la moda, sino también la manera de comunicarla y finalmente la propia comunicación.

FRA_

CARLO BRANZAGLIA
PROFESSEUR À L'ÉCOLE DES BEAUX-ARTS DE BOLOGNE
DIRECTEUR DE ARTLAB

LES MULTIFACETTES DU LOGO

Avant d'atteindre l'essentiel du contenu de ce livre, arrêtons-nous sur une remarque purement linguistique: le mot «logo», devant être théoriquement un simple diminutif du vocable «logotype», mais qui empiète peu à peu sur le sens du mot «marque». En effet, le mot «logotype» fait simplement allusion à un élément textuel, tandis que «marque» se réfère à sa version figurative, qui pourrait être une image abstracte ou une représentation schématisée.

Certes, pour ce livre, le mot logo a été choisi car il exprime parfaitement proximité et mordacité.

Nous pouvons donc supposer que la généralisation de son sens est due à un usage du mot bien plus répandu (bien qu'imprécis) par une plus grande partie de la population. Néanmoins, cette popularité est un bon signe. Une grande contribution à ce glissement sémantique de sens provient très certainement du best-seller «No logo» de Naomi Klein. Bien qu'écrivant sur un autre sujet (en l'occurrence: l'économie mondiale) et par le biais d'un titre extrêmement percutant, elle fait allusion à l'importance des marques dans les politiques commerciales des grandes entreprises.

PLUSIEURS MANIÈRES

Tout d'abord, *Logomanía* souligne l'amplitude des concepts de marque et logo, considérant leurs formes et fonctions. L'idée d'un élément pensé comme l'emblème d'un produit et sa communication (qui, d'ailleurs ne dérive pas seulement conceptuellement d'un blason héraldique) est appliquée à maintes situations.

Dans *Logomanía*, nous trouvons un bon nombre d'exemples concernant des contextes qui diffèrent à bien des égards: l'aspect commercial (entreprises et institutions présentent des caractéristiques différentes), les dessinateurs (plusieurs générations de dessinateurs y sont représentées), le marché (les produits commerciaux ont des cibles de clients différents), le stylisme (évident vu le mélange et la diversité des ambiances évoquées et des courants visuels).

Nous pourrions donc nous amuser à classer les caractéristiques formelles de ces projets: quelques pages suffiraient à énumérer toutes les nuances possibles entre un logotype composé uniquement de lettrage et un logotype riche en iconographie: c'est-à-dire, entre l'abstraction et la figuration; entre l'indépendance et la dépendance de la typologie du produit d'une entreprise; entre graphiques et calligraphie; entre fidélité et infidélité à certaines influences stylistiques spécifiques, etc. Cependant, il est encore plus intéressant de suivre l'évolution et les changements des marques avec le temps.

PLUSIEURS FONCTIONS

Cet ouvrage souligne les grandes différences de fonctions entre marque et identité corporative: la plus usuelle étant la définition de l'ADN de l'entreprise. D'autre part, la marque peut aussi se trouver en second lieu et être ombragée par des choix particuliers, chromatiques ou formels, voire stylistiques. Toutefois, nous avons juste évoqué les deux extrêmes. *Logomanía* nous informe des innumérables variables intermédiaires, montrant ainsi le nombre et la qualité des fonctions d'une marque ou d'un logo pouvant être attribués aujourd'hui.

Les logos peuvent servir «d'emblèmes» montrant la valeur ajoutée d'un message ou produit, leur autorité institutionnelle, leur plus, dans le cas de produits hautement symboliques tels les vêtements. En revanche, cette fonction disparaît lorsque les éléments constituants des marques et logos se transforment en éléments modulaires décoratifs, ou en palette de référence chromatique ou formelle, et finalement en protagoniste de communication, le matériel utilisé important peu. Souvent, le rôle principal, figuratif ou non figuratif, est si évident que la marque en soi est tenue à changer, ni à cause d'un vieillissement prématuré, ni par le souhait de suivre les tendances actuelles. Ceci répond au besoin de conserver une identité propre suivant le ton de communication adopté, accordant une légère attention aux éléments visuels utilisés.

Cette ligne a eu un maître historique, qui a d'ailleurs été isolé pendant longtemps: Elio Fiorucci, qui a non seulement changé la mode, mais aussi la manière de la communiquer, puis finalement, la communication en soi.

DEU_

CARLO BRANZAGLIA
LEHRER AN DER AKADEMIE DER SCHÖNEN KÜNSTE BOLOGNA
DIREKTOR VON ARTLAB

DIE VIELEN GESICHTER DES LOGOS

Bevor wir den Inhalt dieses Buches im Kern betrachten, konzentrieren wir uns kurz auf einen linguistischen Aspekt: das Wort „Logo", das eigentlich die Abkürzung von „Logotyp" ist, verschafft sich ein immer größeres Terrain und verdrängt den Begriff „Marke". Im Grunde bezieht sich aber „Logo" nur auf ein Textelement, während „Marke" dessen figurative Variante bezeichnet, wobei diese ein abstraktes Bild oder eine schematisierte Repräsentation sein kann.

In diesem Buch wird der Begriff „Logo" allerdings bewusst wegen seiner Konnotation der Nähe und Schärfe gewählt; dabei stützen wir uns darauf, dass die Sinnerweiterung des Wortes ihren Ursprung in der weit gefassten (obgleich oft ungenauen) Verwendung von „Logo" in der Bevölkerung hat. Dass dieses Wort so gern benutzt wird, ist ein gutes Zeichen. Naomi Klein, die Autorin des Bestsellers „No logo", hat in bedeutendem Maße zur semantischen Evolution des Begriffs beigetragen. Obwohl Kleins Thema ein ganz anderes ist (im Grunde behandelt ihr Buch die Weltwirtschaft) und ihr Buchtitel ausgesprochen gelungen ist, spielt es auf die Wichtigkeit der Marken in der Verkaufspolitik großer Unternehmen an.

VIELE ARTEN UND WEISEN

Logomanía unterstreicht in erster Linie die Dimension der Konzepte Marke und Logo, wobei deren Formen und Funktionen berücksichtigt werden. Die Idee eines Elements, das als Emblem eines Produkts und seiner Botschaft verstanden wird – wobei man dieses Emblem nicht nur heraldisch verstehen darf –, wird vielfältig eingesetzt. *Logomanía* zeigt die zahlreichen Beispiele innerhalb von in vieler Hinsicht unterschiedlichen Kontexten: als kommerzielles Thema (Unternehmen und Institutionen haben unterschiedliche Eigenschaften), aus Sicht der Designer (es sind mehrere Designergenerationen vertreten), in Bezug auf den Markt (kommerzielle Produkte haben unterschiedliche Zielgruppen) und hinsichtlich des stilistischen Aspekts (der unerlässlich ist, wenn man die Vielfalt von möglichen Atmosphären und visuellen Strömungen berücksichtigt).

Wir könnten viel Zeit damit verbringen, die formellen Eigenschaften dieser Projekte zu klassifizieren: Wenige Seiten würden genügen für die Auflistung sämtlicher Unterschiede zwischen einem Logo, das ausschließlich aus Charakteren besteht und einem Logo mit reicher Ikonographie.

Dabei handelt es sich um Unterschiede zwischen Abstraktion und Figuration, zwischen Unabhängigkeit und Abhängigkeit von der Produkttypologie einer Firma, zwischen Graphik und Kaligraphie, zwischen Nähe und Abstand zu bestimmten stilistischen Einflüssen, usw. Aber es ist wesentlich interessanter, die Entwicklungen und Veränderungen der Marken im Laufe der Generationen zu beobachten.

ZAHLREICHE FUNKTIONEN

Dieses Buch behandelt die großen funktionellen Unterschiede zwischen Marke und Unternehmensidentität, wobei die Definition der Firmen-DNA am häufigsten ist. Anderseits kann die Marke aber auch in den Hintergrund rücken und es können persönliche, chromatische oder formale, ja sogar stilistische Vorzüge gelten. Das wären die beiden Extreme; *Logomanía* behandelt aber auch die unzähligen dazwischen liegenden Möglichkeiten und zeigt so auf, wie viele und wie unterschiedlich gestaltete Funktionen eine Marke oder ein Logo heute haben können.

Logos können wie Embleme verwendet werden: Dargestellt wird der Mehrwert einer Botschaft oder eines Produkts, aber auch deren institutionelle Bedeutung und ihr Inhaltsreichtum (bei sehr symbolhaltigen Produkten wie beispielsweise Kleidung). Auf der anderen Seite verschwindet diese Funktion, wenn sich die Bestandselemente der Marken und Logos in modulare Dekorationselemente verwandeln, oder aber in Farb- und Formpaletten und am Ende schließlich in den Hauptkommunikanten, für den das verwendete Material nebensächlich ist. Häufig ist diese Hauptrolle (ob figurativ oder nicht) so augenscheinlich, dass die Marke selber dazu verurteilt ist, sich zu verändern, aber nicht wegen frühen Verfalls oder dem Wunsch, den neusten Tendenzen nachzukommen, sondern als Genügung der Notwendigkeit, eine Identität zu bewahren, wobei der geführte Kommunikationston beibehalten und den verwendeten visuellen Elementen wenig Bedeutung beigemessen wird.

Diese Linie hat einen historischen Lehrmeister, der lange in der Vergessenheit ruhte: Elio Fiorucci, der nicht nur die Mode veränderte, sondern auch die Art, diese zu kommunizieren und schließlich auch die Kommunikation selber.

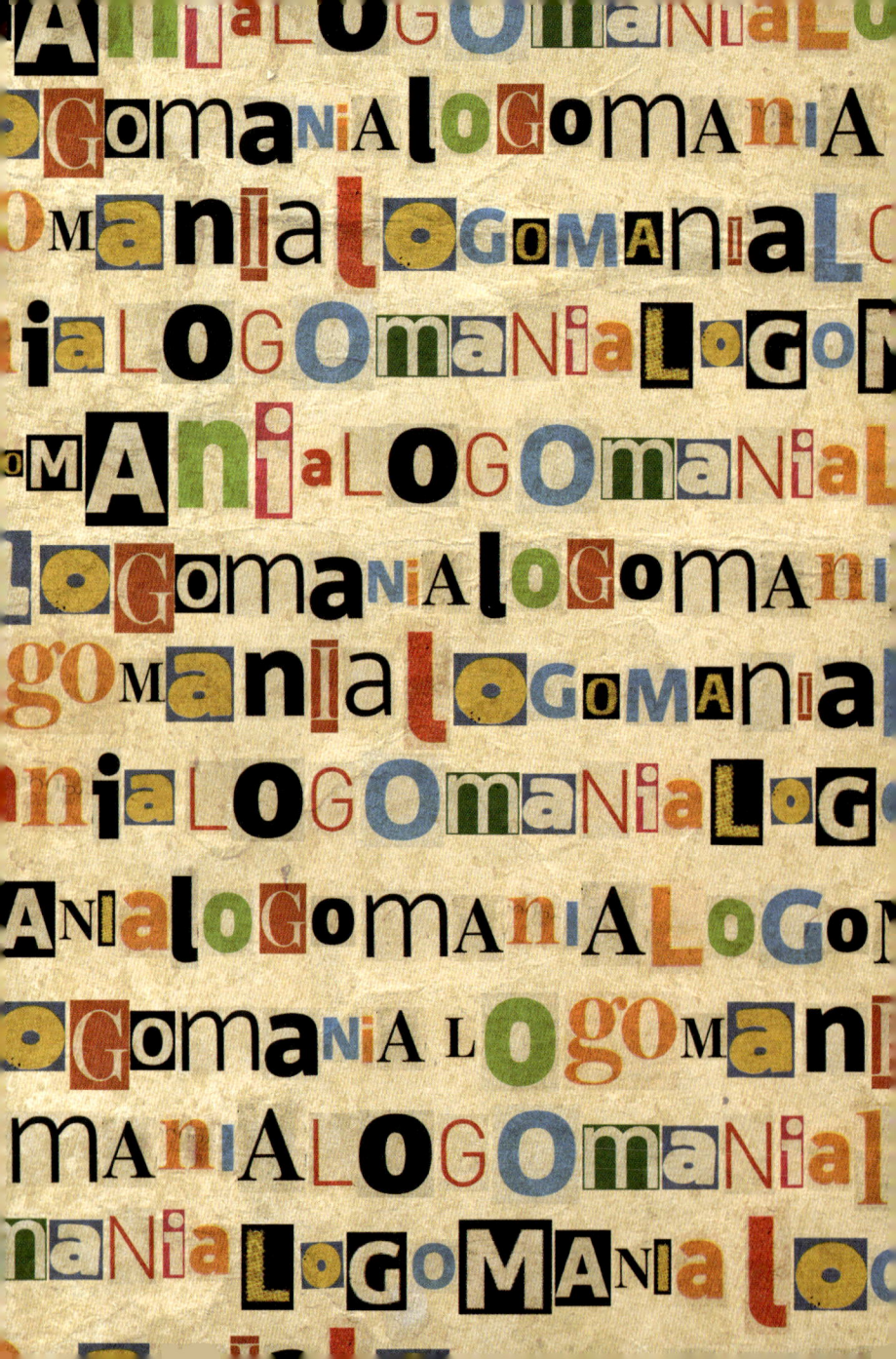

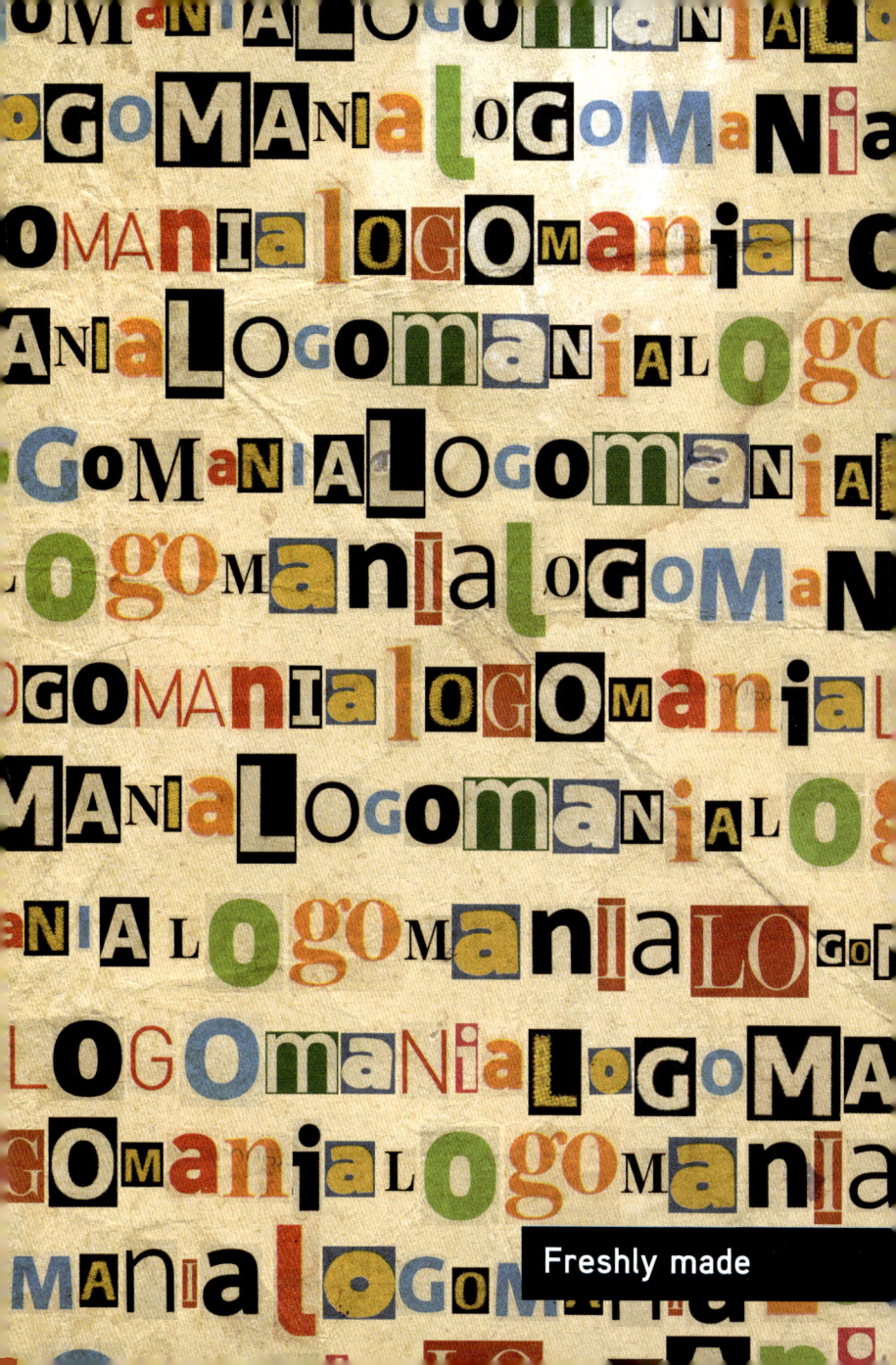

EIKON
AIUDI

EIKON
CUBO SHOPPING CENTER

GRAFICHERÒ
GAMET

FK DESIGN
PROVIDES METALMECCANICA

FK DESIGN
NIUNET

DONALD &COMPANY
ENERGO

GRAFICA BGC
HERBELLA

FEROLI
ORIGINAL CAFÈ DIAZ

CACAO DESIGN
OLIO D'IPOGEO

CACAO DESIGN
NUNA LIE

BLL PARMA
ALMA

EIKON
AIAP TEATRO DELLE MUSE

CACAO DESIGN
RENZA MORELLO

CAMBIAMENTI
CAMBIAMENTI

BRANDOLINI+PLÉE
ARLES

CASA WALDEN COMUNICAZIONE
COMPAGNIA DEL SERRAGLIO

CREATIVITÀ & PARTNERS
CRIMAX

CASA WALDEN COMUNICAZIONE
PETITO

KREATIVAMENTE
CONCORSO OLIMPIADI PECHINO 2008

KREATTIVA
AZIENDA AGRICOLA MARCOLONGO

KREATIVAMENTE
MUSEO DI CIMELI STORICO MILITARI

KREATTIVA
TURISMA

KALIMERA
ACAB

OL3 COMMUNICATIVE DESIGN
TOPTECH SOLUTIONS

OIKOS ASSOCIATI
LACOSTE

GRUPPE GUT GESTALTUNG
BATZEN HÄUSEL

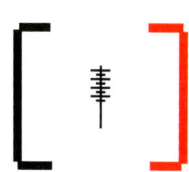

AIR STUDIO / TAOAO
CITYLIVING

ADVCREATIVI
FESTIVAL TEATRO CANZONE

ARS MEDIA GROUP
CREDI

68DESIGN LAB
NOTYPE

ACHILLIGHIZZARDI ASSOCIATI
UNIONCAMERE

ACHILLIGHIZZARDI ASSOCIATI
PROVINCIA DI MILANO

ARMANDO MILANI
IMPORT EXPORT

ALIAS
CCPL

ARMANDO MILANI
FASHION N.Y.

CILINDRINA
MODO

MARCO D'AROMA
ARCHITECTURE PROJECT

CACAO DESIGN
OL3

CACAO DESIGN
KIVER

ASILI&BOASSA
VIDEO ONLINE

BLL PARMA
CARIPARMA E PIACENZA

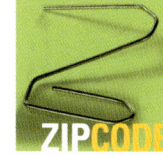

CARMI E UBERTIS MILANO
ZIP CODE

CARPANZANO FABRIZIO
ANTIRUGGINE

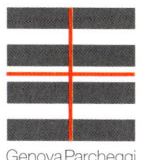

CARMI E UBERTIS MILANO
GENOVA PARCHEGGI

ORANGEDESIGN
L'AGOMAGO

CASA WALDEN COMUNICAZIONE
AFRICA UNITE

GRUPPE GUT GESTALTUNG
PORTICUS 8

OL3 COMMUNICATIVE DESIGN
SPUNKY PRODUCTIONS

MARIO PAROLI
LA MAISON TERRIBLE

UBIS DESIGN E COMUNICAZIONE
DOLOMITI.IT

STUDIOMOBILE
OMBELICO

PAOLO BANZOLA
DADÀ

MARCO MUSSONI/DIGITAL DESIGN
SEX MACHINES MUSEUM

KALIMERA
MALETTI

RAINERI DESIGN
PALAZZO MARTINENGO

ORANGEDESIGN
LIBUX

CARMI E UBERTIS MILANO
ISOIL

STUDIO VITALE
TECNOLYTE

NO.PARKING
HOTEL MELODIA DEL BOSCO

CARMI E UBERTIS MILANO
SIA ACCESS ACCELERATOR

EIKON
DECORAL

EIKON
TECNOWIND

KREATIVAMENTE
PATA PATA

CARTA E MATITA
HIGHWAY

KALIMERA
MALETTI

CLAUDIO CRISTOFORI E ASSOCIATI
MARK

KALIMERA
C.S.G.I.

TEMECULADESIGN
C-CLOTHING

DIAZ GABRIELA
VINKO

GIANNI ROSSI/PIERO CASANOVA
RIVIERA BEAT

LINKAGE ADV/STUDIO MAGNI
COOPERATIVA COMMERCIO ALTERNATIVO

NO.PARKING
IOJO

KALIMERA
SUPERGRES

CARMI E UBERTIS MILANO
SISTAN

GERBELLA GRAPHIC DESIGN
DELUXE RECORDS

PVOLPE DESIGN
REGIONE LOMBARDIA

KALIMERA
DJ BENNY BANASSI

OL3 COMMUNICATIVE DESIGN
JET LAG PROJECT

STUDIOMOBILE
YODA

CBA PROGETTI
THREEFACE TUNING

R&MAG
POSITANO PORTER

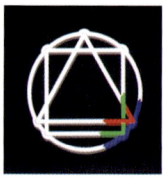

STUDIOROTELLA
ISD

PISCITELLI DANIELA DESIGN
CHRYSLER

TEMECULADESIGN
C-CLOTHING

KALIMERA
DJ BENNY BANASSI

TEMECULADESIGN
TEMECULADESIGN

TEMECULADESIGN
TEMECULADESIGN

NO.PARKING
APOTHEKE KIENS

BALENA
DFH

STUDIO VITALE
COMFORTO

STUDIOMOBILE
YODA

ASILI&BOASSA
INAF-ISTITUTO NAZIONALE DI ASTROFISICA

ARTMOSFERA
ARTMOSFERA

BALENA
OREA MALIA'

PAOLO BANZOLA
UNICA

GERBELLA GRAPHIC DESIGN
LANGUAGE SERVICE

ACHILLIGHIZZARDI ASSOCIATI
RISC

EIKON
TECNOWIND

CLAUDIO CRISTOFORI E ASSOCIATI
SIMPEX

68DESIGN LAB
68DESIGN LAB

CARMI E UBERTIS MILANO
GARIBOLDI CONTEMPORANEA

ASILI&BOASSA
ENO'

MAURIZIO MILANI
GALLIA PALACE HOTEL

ACHILLIGHIZZARDI ASSOCIATI
CLUP VIAGGI

CARMI E UBERTIS MILANO
YES

ARMANDO MILANI
DIALOGOS EDIZIONI

GERBELLA GRAPHIC DESIGN
FISO

DINAMO PROJECT
DINAMO PROJECT

MACSTUDIO
6 OTTOBRE

RICREATIVI
RICREATIVI

OL3 COMMUNICATIVE DESIGN
GLOBE

FRESHLY MADE

BRANDOLINI+PLÉE
LEADER SHEEP

NICOLASANCISI COMUNICAZIONEDESIGN
ISODUE

SIGLA
CENTRO CONGRESSI RIVA DEL GARDA

RITA DEGLI ALBERI
FOOD VALLEY

MARCO GUERRIERI
AZIENDA AGRICOLA CARPARETO

VERTIGO VISUAL DESIGN
OIL OF OLAZ

IMMEDIA
FINCLIMA

CARLORAFFAELLICOMUNICAZIONE
TEATRO POLITEAMA

STUDIO STEFANO PIERI
NEW RELAX

GRUPPE GUT GESTALTUNG
PIPPOTTO

D:SIGN
RISTORANTE GINAT

32
33

FRESHLY MADE

UNIVISUAL
UNIVISUAL

QUBIC COMMUNICATIONS
FOR BOX

STUDIO VITALE
PACE E GUERRA

CASA WALDEN COMUNICAZIONE
LEONE CONTI

VISIONARIA
TECNOLAM

VERTIGO VISUAL DESIGN
ISTITUTO NAZIONALE DI FISICA NUCLEARE

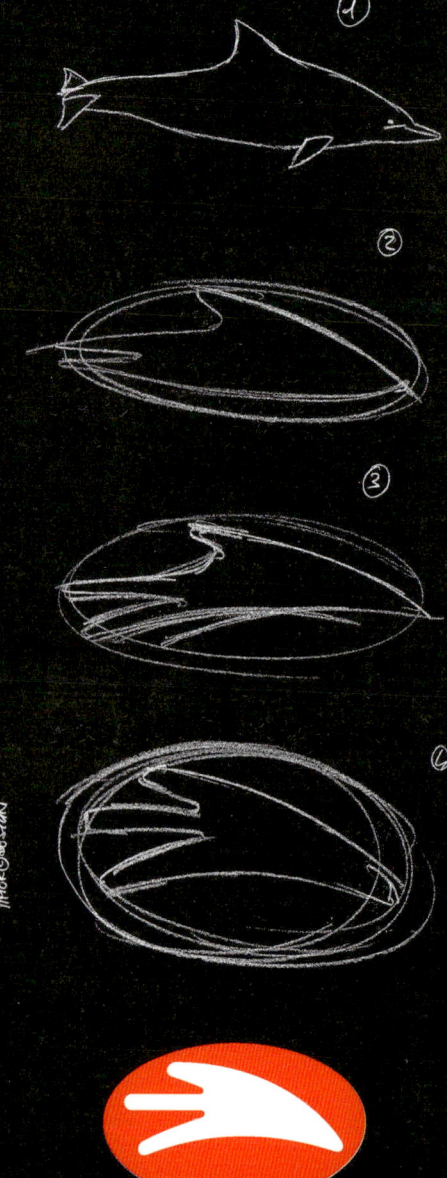

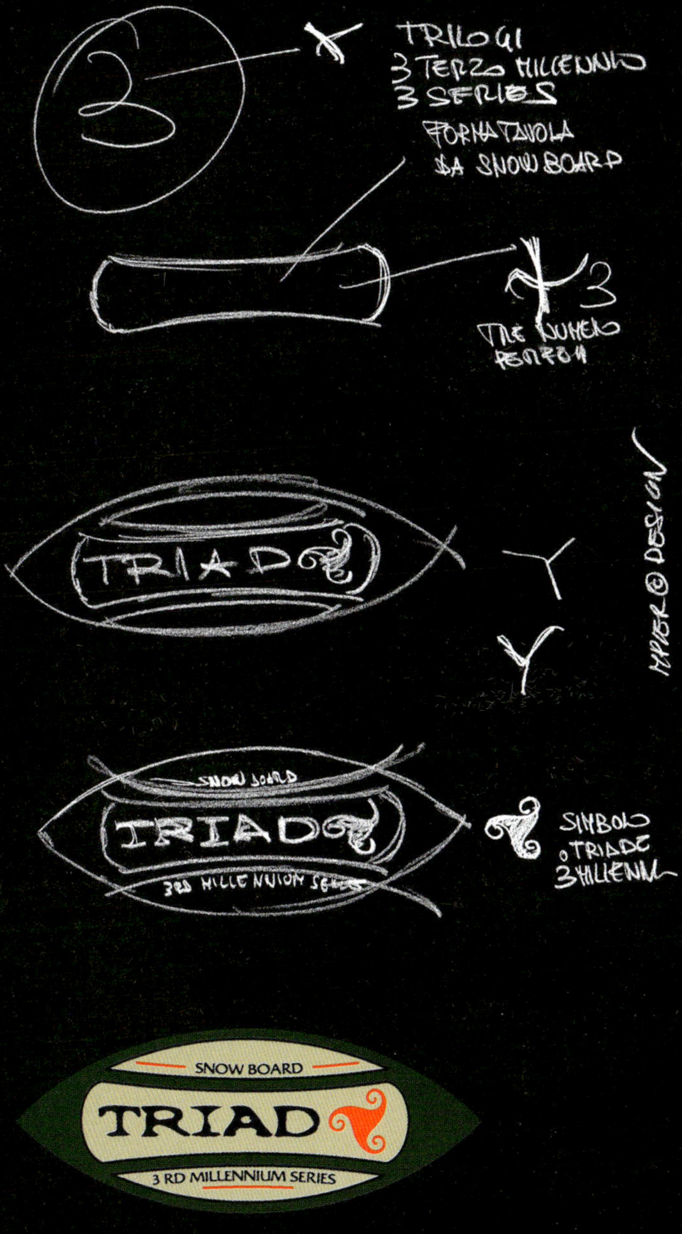
TRILOGI
3 TERZO MILLENNIO
3 SERIES
FORMA TAVOLA
DA SNOW BOARD
THE NUMERO
TRIAD
SNOW BOARD
TRIAD
3RD MILLENNIUM SERIES
SIMBOLO
TRIADE
SNOW BOARD
TRIAD
3 RD MILLENNIUM SERIES

PIER©OMMUNICATION
RUE ROYALE DIANA

PIER©OMMUNICATION
EMMEVI

RICREATIVI
A-CIRCLE

STUDIO VITALE
RAI

RAINERI DESIGN
GESTIONE

KREATTIVA
AL RITROVO

KALIMERA
MUZIK STATION

CREATIVITÀ & PARTNERS
HAPPY CREAM

FRESHLY MADE

FUNKLAB
AMD

CARMI E UBERTIS MILANO
AERÈ

KALIMERA
E35 CONCEPT STORE

EIKON
AMAT TEATRI ANTICHI UNITI

KALIMERA
METHIS

EIKON
LE MIRACLE

DINAMO PROJECT
BELOVE

EIKON
BAGNO&CO

D:SIGN
KEEN LAB

ADCI/GIOVANNI PORRO
ART DIRECTORS CLUB ITALIANO

EIKON
LE MIRACLE

DONALD & COMPANY
AQA

CARRÉ NOIR ROMA
COESIA

ESSEBLU
KANSO

MACSTUDIO
MOOD LIBRI E CAFFÈ

ORANGEDESIGN
IRINOX

ORANGEDESIGN
FINRECO

ORANGEDESIGN
GIMATEX

KALIMERA
COCK AN EAR

KALIMERA
MALETTI

HARTA DESIGN
COMUNE DI GENOVA/CENTRO DELLA CREATIVITÀ

KALIMERA
PWR INDUSTRY

KALIMERA
PWR INDUSTRY

KALIMERA
PWR INDUSTRY

FRESHLY MADE

ABC&Z
ABC&Z

2MLAB
FAUSTO PIZZA

CARMI E UBERTIS MILANO
MICAMOCA

CARMI E UBERTIS MILANO
MANGIAROTTI

CENTO PER CENTO
NANNINI

EIKON
PROGETTAERE

MARCO MUSSONI/DIGITAL DESIGN
DIGITAL DESIGN

DESIGN ASSOCIATI
ANTIKDECOR

EQUILIBRISOSPESI
VALTORTO

ACHILLIGHIZZARDI ASSOCIATI
CONTRASTO-FEDERICO MOTTA EDITORE

ADVANCE
I GRANOLIVA

ADVANCE
BIALETTI INDUSTRIE

FK DESIGN
ARTE ZURLO

ESSEBLU
RADICI NEL FUTURO

FUNKLAB
EXPANDED NETWORK

HAPPYCENTRO + SINTETIK
ALBI AUTO

IMMEDIA
CENTRO ITALIANO DELLA FOTOGRAFIA D'AUTORE

NO.PARKING
ARCHEBIT

EIKON
COMUNE DI FOSSOMBRONE

FUNKLAB
HARDMONY

GRUPPE GUT GESTALTUNG
NUOVO TEATRO COMUNALE DI BOLZANO

HAPPYCENTRO + SINTETIK
GREENFLY

IMMEDIA
NOVOCAL

INSIDE BRAND
INSIDE BRAND

ABC&Z
VENICE BET

ABC&Z
GIOCHI SENZA BARRIERE

ABC&Z
EGO

ARMANDO MILANI
L'ESPRESSO N.Y.

ACHILLIGHIZZARDI ASSOCIATI
MONTE PASCHI ASSET MANAGEMENT

ACHILLIGHIZZARDI ASSOCIATI
PAMPOSH

ACHILLIGHIZZARDI ASSOCIATI
SONY MUSIC ITALIA

ACHILLIGHIZZARDI ASSOCIATI
METIS

ACHILLIGHIZZARDI ASSOCIATI
LIMINA

ALIAS
COMUNITÀ MONTANTA/PROVINCIA DI REGGIO

ALIAS
ITACA

ALIAS
METHIS

CARMI E UBERTIS MILANO
CARONTE

CARPANZANO FABRIZIO
FLUID

CARPANZANO FABRIZIO
FLUID

ARTMOSFERA
PUNTO TRASPARENTE

ARTMOSFERA
I DOGI GROUP

51M1
EQUIPE TEK

ALIAS
GIGLIO

ALIAS
GIGLIO

2MLAB
SURFING SHOP

2MLAB
ROSSIN

AMBROSINI&ASSOCIATI
PERONI

[MU]DESIGN
EDITRICE LA MANDRAGOLA

FRESHLY MADE

51M1
LE BIGLIETTERIE

CACAO DESIGN
COOPERATIVA COMUNITA' PROGETTO

51M1
GAL SULCIS

EIKON
NEW HOUSE

EIKON
INGENIA

AMBROSINI&ASSOCIATI
VARRAMISTA

51M1
MULTISERVICE

51M1
ORO&CACAO

MONTENATO GRIFFINI®

ADVANCE
MONTENATO GRIFFINI

UNImedia

DESIGN ASSOCIATI
UNINDUSTRIA VENEZIA

sistemi relax
Poltrone & Co.

EIKON
JOLLY CASA INTERNATIONAL

epsilon

CARTABIANCA
EPSILON

Taccuino del Turista

EIKON
COMUNITÀ MONTANA DEL METAURO

Edil Bernucci & Rossi
costruzioni

EIKON
EDILBERNUCCI & ROSSI

Massimo Golinelli
viticoltore

CASA WALDEN COMUNICAZIONE
MASSIMO GOLINELLI

CAR·MATIC
COUNTING, FILLING AND CLOSING MACHINES

KALIMERA
CARMATIC

FRESHLY MADE

KALIMERA
ARCOIRIS

MARCO GUERRIERI
WINETRADE

KREATTIVA
MOTOPOLIS

FUNKLAB
CONCEPTOTTO

KALIMERA
EUROPEAN COMMUNITY

KREATTIVA
COMUNE S.STINO DI LIVENZA

KALIMERA
PUMP-KIN

KREATTIVA
ARTENOLOGY

CONCRETA COMUNICAZIONI
STUDIO LEGALE LOSCHIAVOI

CENTO PER CENTO
LYON TOKIO

MAURIZIO MILANI
FEDERAZIONE ITALIANA CONTRO LA TUBERCOLOSI

EIKON
COMUNE DI URBINO

51M1
CERAMICA ITALIANA DI QUALITÀ

DESIGN ASSOCIATI
INCOTEX TOBEFREE

BALENA
BALENA

CACAO DESIGN
KANDOO

FRESHLY MADE

DEADINK
DEADINK

FLUID DESIGN LAB
DIDAKÈ

EIKON
COMUNE DI ACQLAGNA

[MU]DESIGN
COMUNE DI IMOLA

MARCO D'AROMA
CITTA' DI PESCARA ASSESSORATO ALLA CULTURA

ACHILLIGHIZZARDI ASSOCIATI
EASY

STUDIO GIURA DESIGN
NIGRO VINI

ACHILLIGHIZZARDI ASSOCIATI
FOTOSPAZIO

IMMEDIA
NEW MACO'S

CARMI E UBERTIS MILANO
D TEC

IMMEDIA
NEW MACO'S

GERBELLA GRAPHIC DESIGN
NELLO SPIAGGIA 10-12

GERBELLA GRAPHIC DESIGN
COMUNE DI RAVENNA/NORMA

GERBELLA GRAPHIC DESIGN
DANGER DRIVEE

GERBELLA GRAPHIC DESIGN
COMUNE DI RAVENNA/GIOVANI

GERBELLA GRAPHIC DESIGN
COMUNE DI RAVENNA/ALMAGIÀ

FRESHLY MADE

GERBELLA GRAPHIC DESIGN
THE GOOD FELLAS

GERBELLA GRAPHIC DESIGN
THE GOOD FELLAS

GERBELLA GRAPHIC DESIGN
THE GOOD FELLAS

GERBELLA GRAPHIC DESIGN
COMUNE DI RAVENNA/MT SURF

GERBELLA GRAPHIC DESIGN
COMUNE DI RAVENNA/MT CRUDES

GERBELLA GRAPHIC DESIGN
ROCK PLANET CAFÈ

GERBELLA GRAPHIC DESIGN
ROAD RUNNER CAFÈ

GERBELLA GRAPHIC DESIGN
FANTINI

GERBELLA GRAPHIC DESIGN
PANDA COMICS

GERBELLA GRAPHIC DESIGN
FLAM INDUSTRIES

GERBELLA GRAPHIC DESIGN
SONORA SOUL

GERBELLA GRAPHIC DESIGN
SONORA SOUL

LCD
ARSIA

HAPPYCENTRO + SINTETIK
PEDRHO

DINAMO PROJECT
MAGLIFICIO ADELE

KALIMERA
COCK AN EAR

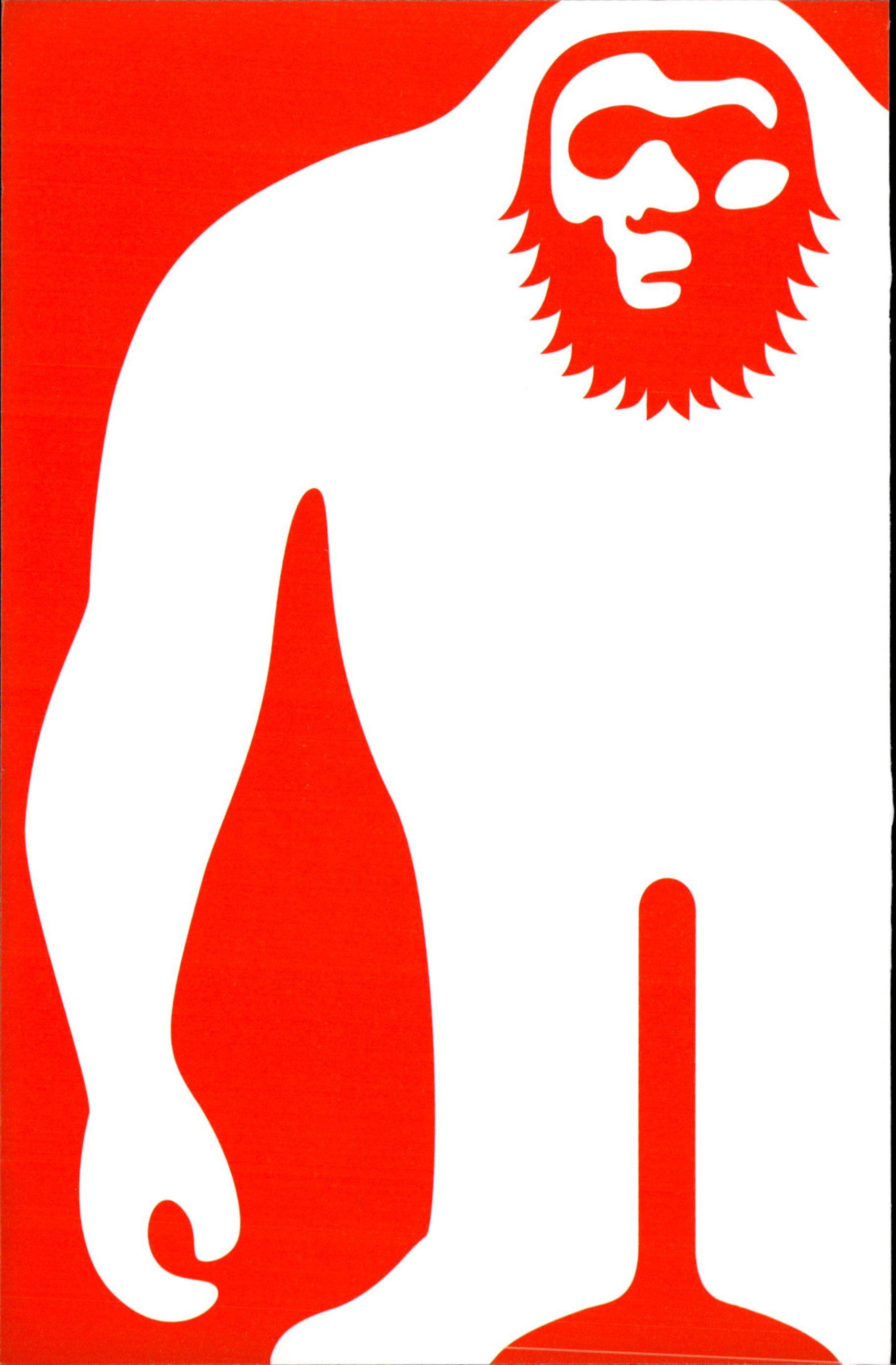

HAPPYCENTRO + SINTETIK
FRISCAR

NICOLA RUSSO
F.LLI MAGRO

D:SIGN
KEEN STREET WARE

GIANNI ROSSI
REVOLVER

OL3 COMMUNICATIVE DESIGN
PUNISHIN' KISS

KALIMERA
RED PUBLISHING

KALIMERA
SPAGHETTI

OL3 COMMUNICATIVE DESIGN
NUOVA PLASTICA

DEADINK
MYBOARD

DEADINK
LINK TO

DEADINK
ZEROARTE

OL3 COMMUNICATIVE DESIGN
B-SIDE

JEKYLL & HYDE
ANTONIO MANISCALCO

HAPPYCENTRO + SINTETIK
EMMEBI

OL3 COMMUNICATIVE DESIGN
OL3 COMMUNICATIVE DESIGN

KALIMERA
MALETTI

HAPPYCENTRO + SINTETIK
LA PORTA DELLA MUSICAI

GIANNI ROSSI
DEJAVU RECORDS

STUDIO KNECHT SOTTILE
AKAPPA

ATYPICA
ATYPICA

KALIMERA
CRASH

FRESHLY MADE

NO.PARKING
NO.PARKING

MATITEGIOVANOTTE
BERTACCINI

NICOLA RUSSO
COELSANUS

ZETALAB
LIBERO ARBITRIO

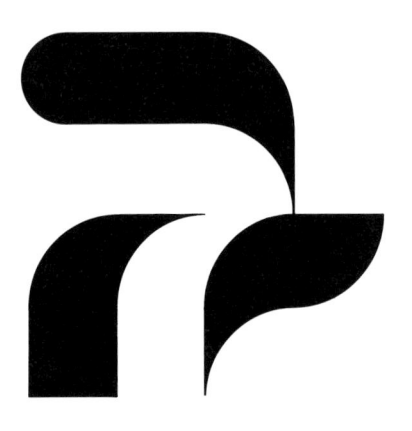

NICOLA RUSSO
ALBANEVOSA

ZETALAB
ESTERNI MILANO FILM FESTIVAL

DINAMO PROJECT
BELTRAMI

CILINDRINA
MAGALÌ

NICOLASANCISI COMUNICAZIONEDESIGN
NEUTRA

HAPPYCENTRO + SINTETIK
EDI IMPIANTI

RICREATIVI
SORSI MORSI

NICOLA RUSSO
JOHN RAPHAEL

NICOLA RUSSO
CCIAA PADOVA

CARRÉ NOIR
FIAT AUTO

CARRÉ NOIR
FIAT AUTO

STUDIOMOBILE
MEDIASCOPIO

HAPPYCENTRO + SINTETIK
TOTALLY AGAINST GRAPHIC DESIGN

RESULT

MEMA
INTERIOR DESIGN

REJECT

mema | interiors
☺

mema
interiors

Mema
☺ interiors

2MLAB
MEMA

RESULT ✓

REJECT ✓

ZEROKILOWATT DI CRISTIANO ANDREANI
ELECTRICASALSA

RESULT

Festival Internazionale di Poesia

REJECT

Festival Internazionale di Poesia

Festival Internazionale di Poesia

genovantacinque

Festival Internazionale di Poesia

genovantacinque

STUDIOMOBILE
FESTIVAL INTERNAZIONALE DI POESIA

RESULT V

miu
J'adore

REJECT V

ADVCREATIVI
MIU

RESULT

CERALBO

REJECT

CERALBO

CERALBO

66
67

FRESHLY MADE

ASPIRINE
CERALBO

RESULT ✓

ASPIRINE
DEVELOPMENT & DESIGN

REJECT ✓

ASPIRINE
ASPIRINE

RESULT	REJECT

2MLAB
MINERVA

RESULT	REJECT

JEKYLL & HYDE
WEA MUSIC ITALIA

RESULT	REJECT

2MLAB
ZOO AND FARM

RESULT	REJECT

IMMAGINA
OCV GROUP

RESULT	REJECT
HAPPYCENTRO + SINTETIK HAIR STUDIO GIANNI	

RESULT	REJECT
ASPIRINE POMODORO	

RESULT	REJECT
ASPIRINE MERIDIANA	

RESULT	REJECT
IDEOGRAMMA BIZMATICA	

RESULT ▽	REJECT ▽

OFFICINA COMUNICAZIONE
GALLERIA CIVICA/COMUNE DI MODENA

RESULT ▽	REJECT ▽

MONDIN DAVIDE COMMUNICATION DESIGN
STUDIO RIGONI

RESULT ▽	REJECT ▽

KAERU DESIGN
PANAPE MERRY HOUSE

RESULT ▽	REJECT ▽

OFFICINE GRAFICHE MERIDIONALI
UNIVERSITÀ DI LECCE

FRESHLY MADE

RESULT	REJECT

VISIONARIA
OBIETTIVO CASA

RESULT	REJECT

LINKAGE ADV/STUDIO MAGNI
RINALDI IMPORTATORI

RESULT	REJECT

NICOLASANCISI COMUNICAZIONEDESIGN
E-LEVA

RESULT	REJECT

R&MAG
LA GALLERIA

RESULT	REJECT
SCARPATO	scarpato

R&MAG
SCARPATO COSTRUZIONI

RESULT	REJECT
SAL DE RISO COSTA D'AMALFI	De Riso DOLCE MAESTRIA

R&MAG
SAL DE RISO

RESULT

DEFENDI GAS TECHNOLOGY CENTER

REJECT

DEFENDI GAS TECHNOLOGY — DEFENDI GAS TECHNOLOGY

ADVCREATIVI
DEFENDI

72
73

FRESHLY MADE

RESULT ☑

ARKET
System integration knowledge.

REJECT ☑

Troport *systems integration*

SEFIRE systems integration knowledge

CREMASCO GIULIANO
ARKET

RESULT ☑

seafor
interni in mare aperto

REJECT ☑

seafor   seafor

ADVCREATIVI
SEAFOR

RESULT

ITALCAPPA
più servizi, più qualità

REJECT

italcappa
multiservizi di qualità

ITALCAPPA
più servizi, più qualità

NICOLASANCISI COMUNICAZIONEDESIGN
ITALCAPPA

RESULT

IMMAGINA
AGENZIA DI PUBBLICITÀ E MARKETING

REJECT

IMMAGINA
COMMUNICATION OF IDEAS

immagina

IMMAGINA
IMMAGINA

| RESULT | v |

cedisgroup
servizi e consulenze per l'edilizia

| REJECT | v |

cedisgroup   CEDISGROUP

IMMAGINA
CEDIS GROUP

| RESULT | v |

WISH
ACCESSORIES

| REJECT | v |

WISH   WISH
        ACCESSORIES

FK DESIGN
OVERGROUND

RESULT

REJECT

GERBELLA GRAPHIC DESIGN
3 CARAVELLE TRAVEL GROUP

RESULT

REJECT

KAERU DESIGN
PANAPE ZEN

RESULT

REJECT

KAERU DESIGN
FEDERALBERGHI BOLOGNA

RESULT

REJECT

KAERU DESIGN
PALUPA HAIRS

| RESULT | ☑ |

fractalzoom

| REJECT | ☑ |

fractalzoom

fractalzoom

OIKOS ASSOCIATI
FRACTALZOOM

| RESULT | ☑ |

KINKY
vintage items+clothing

| REJECT | ☑ |

KINKY

VINTAGE ITEMS+CLOTHING
KINKY

STUDIO FEZ
KINKY

78
79

FRESHLY MADE

RESULT ☑

REJECT ☑

VISIONARIA
CUTTING EDGE

RESULT ☑

REJECT ☑

VISIONARIA
GREENTEK

RESULT ☑

REJECT ☑

PAOLO BANZOLA
WAFER

RESULT ☑

REJECT ☑

ZEROKILOWATT DI CRISTIANO ANDREANI
STELLA ROSSA BASKET

RESULT

the work shop

abbigliamento
& accessori
per il lavoro

REJECT

WINSTON WOLF
THE WORK SHOP

RESULT ✓

REJECT ✓

IMMAGINA
LEGOR

VOLPINI'S 1889

VOLPINI

VOLPINI

VOLPINI 1889

VOLPINI NAUTICA

RESULT

VOLPINI
1899

REJECT

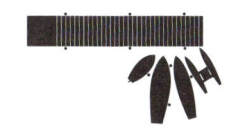

ZEROKILOWATT DI CRISTIANO ANDREANI
VOLPINI

FRESHLY MADE

RESULT ☑

VIPER

REJECT ☒

VIPER

VIPER

Viper

WINSTON WOLF
DOW AGROSCIENCES

RESULT ☑

Hukapan

REJECT ☑

hukapan

HUKAPAN

ʰhukåpan

JEKYLL & HYDE
HUKAPAN

RESULT V

MIKRON RESEARCH
Evolving technologies.

CASE STUDY V

REJECT V

Mikron Research

CREMASCO GIULIANO
MICRON RESEARCH

RESULT

casi umani

REJECT

casi umani

casiumani

casiumani

JEKYLL & HYDE
CASI UMANI

RESULT ☑

casa **walden**
agenzia di comunicazione

REJECT ☑

GERBELLA GRAPHIC DESIGN
STUDIO CASA WALDEN FORLÌ

RESULT

Pro audio Equipment

REJECT

GERBELLA GRAPHIC DESIGN
AUDIO73

RESULT V

ZEROKILOWATT
VISUAL COMMUNICATION DESIGN

REJECT V

Økilowatt

ZEROKILOWATT

ZEROKILOWATT
VISUAL DESIGN COMMUNICATION

ZEROKILOWATT DI CRISTIANO ANDREANI
ZEROKILOWATT

RESULT

REJECT

ZEROKILOWATT DI CRISTIANO ANDREANI
PIADINERIA CITTADINA

FRESHLY MADE

RESULT

THE
MYSTERY
CHANNEL

REJECT

THE M CHANNEL

M Mystery channel

MYSTERY CHANNEL

FABBRICANDO
THE MYSTERY CHANNEL

RESULT

LA FAMIGLIA
DEL MESSISBUGO

REJECT

la famiglia

LA FAMIGLIA

LA FAMIGLIA

94
95

FRESHLY MADE

ASPIRINE
MESSISBUGO

RESULT

NEWSTONE®

REJECT

NEWSTONE

NEWSTONE

NEWSTONE

FLUID DESIGN LAB
NEW STONE

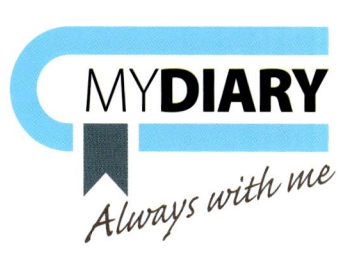

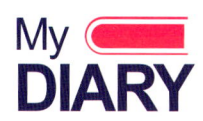

| RESULT | V |

MYDIARY

Always with me

| REJECT | V |

MYDIARY
Sempre con me

My **DIARY**

My Diary

FLUID DESIGN LAB
MY DIARY

FRESHLY MADE

| RESULT | ✓ |

Dada mobile

| REJECT | ✓ |

LCD
DADA

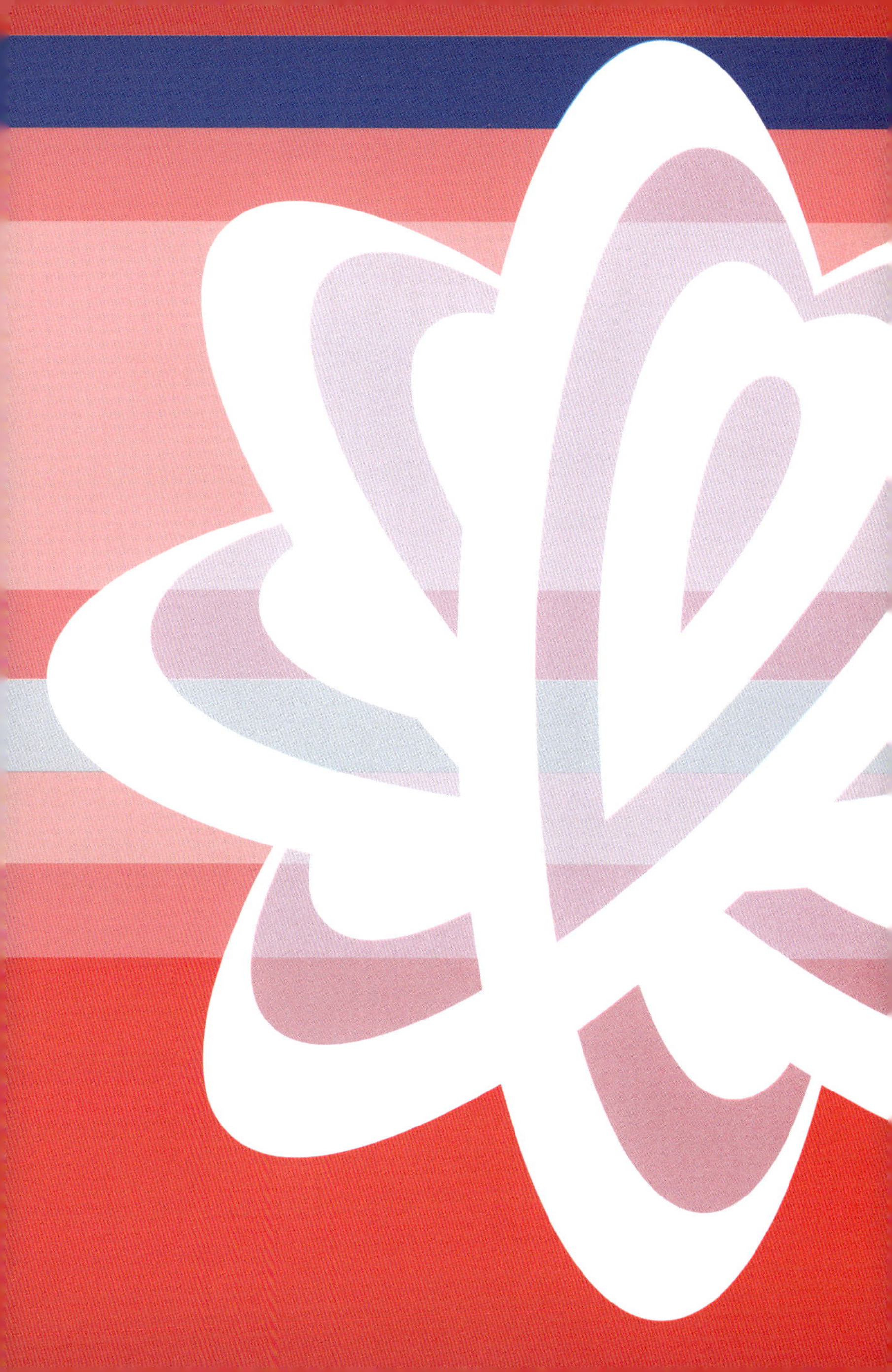

KAERU DESIGN
ISTITUTO NIELS STENSEN

GRUPPE GUT GESTALTUNG
BIBLIOTHEKSVERBAND SUDTIROL

SALT & PEPPER
SVILUPPO IMMOBILIARE

MARCO GUERRIERI
SOCON

KALIMERA
EUROPEAN COMMUNITY/PROVINCIA DI R.E.

NICOLASANCISI COMUNICAZIONEDESIGN
OSTELLO SEJORE

SALT & PEPPER
GUERRA EDIZIONI

NO.PARKING
MUSEUM LADIN

EQUILIBRISOSPESI
COMUNE DI RUSSI

STUDIOROTELLA
PINOCCHIORESTAURI

NICOLASANCISI COMUNICAZIONEDESIGN
IL MELOGRANO

STUDIOGUIDA
API

UBIS DESIGN E COMUNICAZIONE
ASCOTLC

OL3 COMMUNICATIVE DESIGN
DE LONGHI GIOCATTOLI

MONDIN DAVIDE
MONDIN DAVIDE

MATITEGIOVANOTTE
COMUNE DI FORLÌ

ESSEBLU
ASSOGESTIONI

R&MAG
ESPOSITO STEEL TECH

THEMA CREART
ACREMA

KALIMERA
STEFANO CAMELLINI PHOTOGRAPHER

ZEROKILOWATT DI CRISTIANO ANDREANI
LA SCATOLA ROSSA

ZANNI LORENZA
GN-GENERAL NETWORKING

KREATTIVA
ACQUE DEL BASSO LIVENZA

NICOLA RUSSO
TURISMO PADOVA

FUNKLAB
ALTIERI

VERTIGO VISUAL DESIGN
COMUNE DI ROMA/LIBRINCITTÀ

VISIONARIA
B-KAY

NO.PARKING
PRIMA VISIONE

NICOLASANCISI COMUNICAZIONEDESIGN
V.I.P. HOTELS

VERTIGO VISUAL DESIGN
P&D'A

WINSTON WOLF
MAGLIERIE CRISTINA

STUDIO CENTRO MARKETING
FENIX

FRESHLY MADE

ZETALAB
ASTER

CLAUDIO CRISTOFORI E ASSOCIATI
ALL PACK

LUMEN
ILLY

R&MAG
SPRINT

ART-BIT
O-ZONE PROJECT

STUDIOMOBILE
KORIOLIS

GRUPPE GUT GESTALTUNG
LIBERA UNIVERSITÀ DI BOLZANO

KROMA
AXA ASSICURAZIONI

STUDIO STEFANO PIERI
ASSOSOFTWARE

DE'FLUMERI MARIANI
EURE INOX

EDWARD ROZZO
CONNECTING CULTURES

ORANGEDESIGN
MEGIUS

NICOLASANCISI COMUNICAZIONEDESIGN
ATALANTA

ZETALAB
MODO&MODO

ZETALAB
ESTERNI

ZETALAB
ESTERNI IL SALONE È FUORI

STUDIOMOBILE
DIRECTOR STUDIO

R&MAG
MONZURÒ

PAOLO BANZOLA
TERRA DI MARE

RAINERI DESIGN
STUDIOS

NICOLA RUSSO
BABYIDEA

RAINERI DESIGN
PRAMAC RACING

STUDIO KNECHT SOTTILE
MD

SOLUZIONE GROUP
BRIXIA EXPÒ

MEGFLY

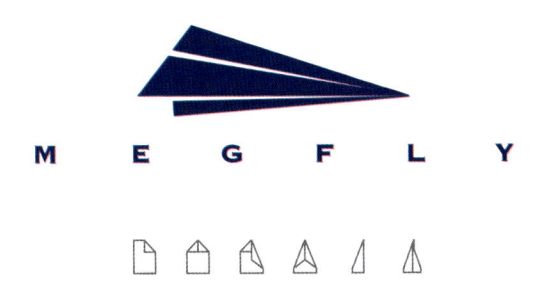

RAINERI DESIGN
MEGFLY

LeCORTA
di San Giusto

STUDIO LAURA MORETTI
CURTES

106
107

FRESHLY MADE

OL3 COMMUNICATIVE DESIGN
B-BRIGHT

STUDIOMOBILE
ARCOS

VISIONARIA
KARTA

KREATTIVA
KREATTIVA

WINSTON WOLF
COMUNE DI REGGIO EMILIA

UNIVISUAL
VISTASÌ

KALIMERA
GIMA

ZANNI LORENZA
CELLULAR ITALIA

mediagroup

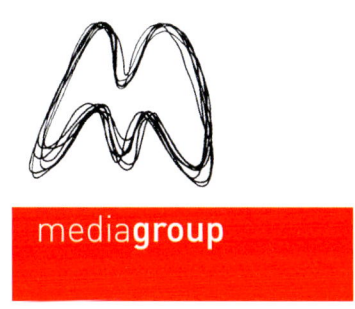

SALT & PEPPER
MEDIAGROUP

pannocane

ORANGEDESIGN
PANNOCANE

FRESHLY MADE

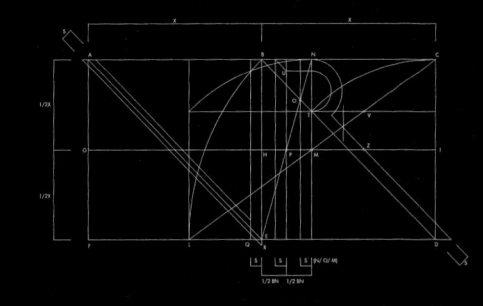

GIANNI BORTOLOTTI
CCIAA VITERBO

GIANNI BORTOLOTTI
FOX

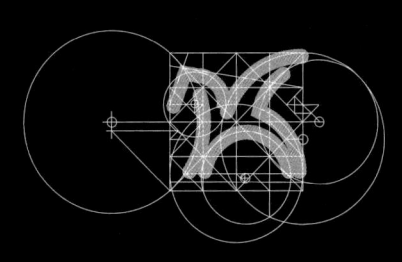

**Camera di Commercio
Industria Artigianato
e Agricoltura di Viterbo**

GIANNI BORTOLOTTI
VIR

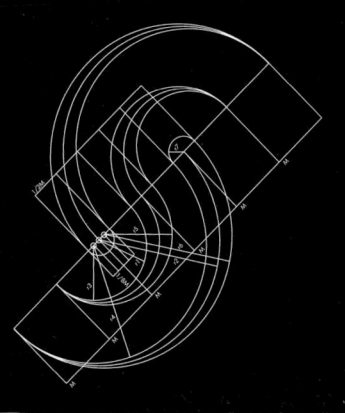

GIANNI BORTOLOTTI
SARALVA

PerlaSillato

GIANNI BORTOLOTTI
PERLA SILLATO

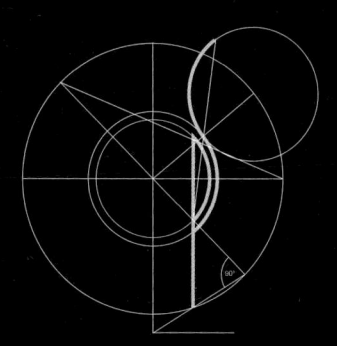

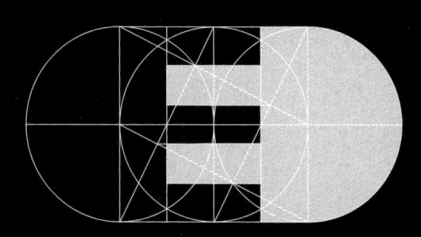

GIANNI BORTOLOTTI
ED

KIRO
VOLABO

RICREATIVI
ATLANTE

KREATTIVA
CIMIC GROUP SOUTH

MACSTUDIO
MAMYCAO

SALA ADVERTISING
HERALDS

MAURIZIO MILANI
PIETRO MEZZAROMA E FIGLI

ARMANDO MILANI
TUNNEL DISCOTECA N.Y.

GRUPPE GUT GESTALTUNG
SEAB

GRIT CREATIVE
CIANI HAIR STYLIST

NICOLASANCISI COMUNICAZIONEDESIGN
SALA STAMPA

CONCRETA COMUNICAZIONI
CONSORZIO ECOLOGICO ALTO LAMBRO E PIANO ERBA

NICOLASANCISI COMUNICAZIONEDESIGN
NUOVE DIMENSIONI

ZETALAB
CONNEXINE REAL13

GRECO ADV
WHAG

GERBELLA GRAPHIC DESIGN
RAY GELATO SMOKING

GERBELLA GRAPHIC DESIGN
THAI WAX

VERTIGO VISUAL DESIGN
GARANTE PER LA PROTEZIONE DEI DATI PERSONALI

BRUNAZZI&ASSOCIATI
GFTNET

VISIONARIA
TECNOLAM CAVEAU

CENTO PER CENTO
RIZZOLI RCS

CLAVIS
JANA GALDUNOVÀ

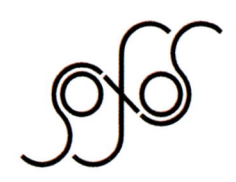

XIPO ART STUDIO
SOFOS

RAINERI DESIGN
MARCO FERRANTE

ILIPRANDI ASSOCIATI
HUMAN CHARITY

CARMI E UBERTIS MILANO
ENÌA

R&MAG
FEDERAZIONE ITALIANA DAMA

RAINERI DESIGN
EVO TECHNOLOGY

STUDIOGUIDA
EDIZIONI D'IF

GIANNI BORTOLOTTI
CH?

STUDIO STEFANO PIERI
L&R

OL3 COMMUNICATIVE DESIGN
ACCORDO

NICOLASANCISI COMUNICAZIONEDESIGN
RECIPROCA ONLUS

STUDIOGUIDA
IZS PUGLIA E BASILICATA

OL3 COMMUNICATIVE DESIGN
BIA

RAINERI DESIGN
PUBLIPI

NO.PARKING
OTHMAR'S

SALT & PEPPER
MOOD

ZETALAB
PRY

UBIS DESIGN E COMUNICAZIONE
AMIC

VISIONARIA
RUSTICHELLA D'ABRUZZO

THE AD STORE ITALIA
BARILLA

CARTABIANCA
MARK EMPIRE

ONDE
GRADISCA RESTAURANT

CILINDRINA
AREA MINORI

DIAZ GABRIELA
APESYS

CREATIVITÀ & PARTNERS
CREATIVITÀ & PARTNERS

CREATIVITÀ & PARTNERS
ART DESIGN

MATITEGIOVANOTTE
NIKE ITALY

GERBELLA GRAPHIC DESIGN
MEXICALI

CARTA E MATITA
VIRCA F.L.N.G.

ALIAS
BEAUTY ISLAND

ADVCREATIVI
OCCHIO DEL GALLO

FEROLI
TANAKAWEAR

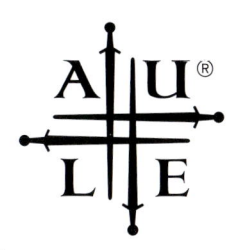

IMMEDIA
AULE

CASA WALDEN COMUNICAZIONE
MAU MAU

MATITEGIOVANOTTE
NIKE ITALY

GERBELLA GRAPHIC DESIGN
MAGAZZINI DELLO ZOLFO

CREATIVITÀ & PARTNERS
BARILLA

FEROLI
A.I.C.S. BASKET FORLÌ

CREATIVITÀ & PARTNERS
VERDE FIORITO

CLAUDIO CRISTOFORI E ASSOCIATI
ALBERTO FIGNA

ACHILLIGHIZZARDI ASSOCIATI
ASSOCIAZIONE GENERALE ITALIANA SPETTACOLO

GRIT CREATIVE
CLINICA VETERINARIA

MATITEGIOVANOTTE
OROGEL

OL3 COMMUNICATIVE DESIGN
ATEIKON

CREMASCO GIULIANO
OTTICA FOSCARINI

AGRICOW
IL BENESSERE DELLA MUCCA

RAINERI DESIGN
AGRICOW

Agenzie Immobiliari Riunite **House Group**

CILINDRINA
HOUSE GROUP

120
121

FRESHLY MADE

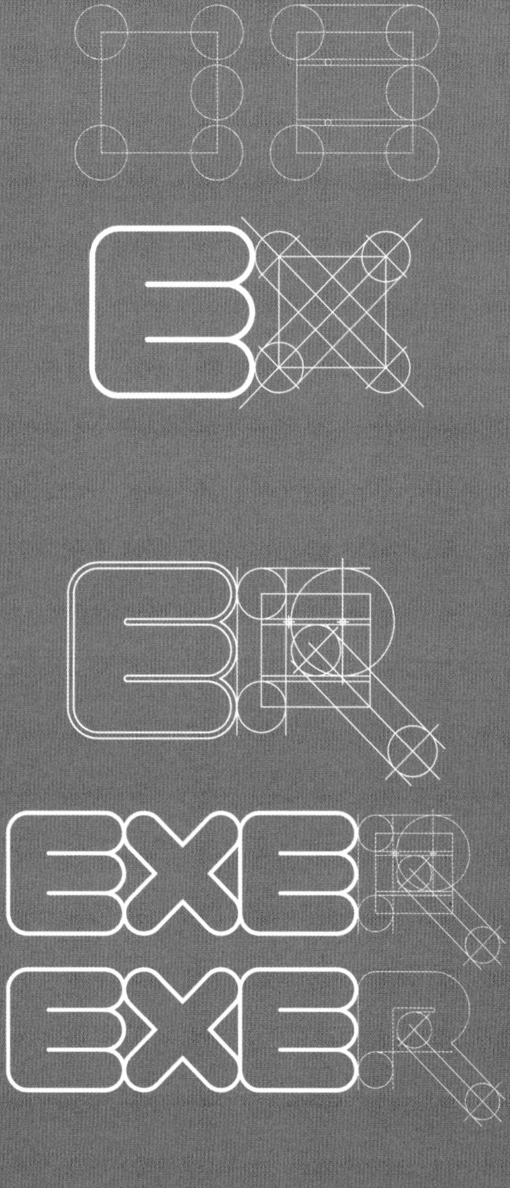
EXER

EXER

COSMESI FARMACEUTICA

BASAGLIA.COM
EXER

RAINERI DESIGN
COMAX

STUDIO VITALE
ACCADEMIA DI BELLE ARTI PIETRO VANNUCCI

SIGLA
POMPEA

NICOLASANCISI COMUNICAZIONEDESIGN
AEMME ITALIA

CENTO PER CENTO
CARTIER

CASA WALDEN COMUNICAZIONE
QWINE

CARMI E UBERTIS MILANO
FRESCOBLU PARMALAT

aventrys

DESIGN ASSOCIATI
AVENTRYS

NUTREXIL®

CONCRETA COMUNICAZIONI
ARTWORK MODA

TREMIK
our **knowledge** your **power**

CORVINOGUALANDI
TREMIK

BALENA
OREA MALIÀ

CARRÉ NOIR
AUTOGRILL

CACAO DESIGN
ARTE IDRAULICA

CLAUDIO CRISTOFORI E ASSOCIATI
NTU

BASAGLIA.COM
SORVEGLIA

BLL PARMA
BARILLA

GERBELLA GRAPHIC DESIGN
BACCANO

FANCY BIZ
FANCY BIZ

FK DESIGN
INTERICE

FABBRICANDO
RADIO STUDIO DELTA

GRIT CREATIVE
MEDIAJOB

GRAFICA BGC
APAM

ötzi cultour

**The Itinerant Exhibition of the
South Tyrol Museum of Archaeology**

Sample Town | Sample Museum Schönsteiner

GRUPPE GUT GESTALTUNG
ÖTZI CLUTOUR

ötzi cultour

**The Itinerant Exhibition of the
South Tyrol Museum of Archaeology**

Sample Town | Sample Museum Schönsteiner

GRUPPE GUT GESTALTUNG
ÖTZI CLUTOUR

Beretta
caldaie

ILIPRANDI ASSOCIATI
BERETTA CALDAIE

IMMEDIA
ATAM

GERBELLA GRAPHIC DESIGN
SEARCH

IMMEDIA
LET'S GO

MONDIN DAVIDE COMMUNICATION DESIGN
DASPI

SALT & PEPPER
PHOENIX

KALIMERA
PULSE

mgstudio

EQUILIBRISOSPESI
MG STUDIO

sensì
calze&collant

SIGLA
GENESI

RAINERI DESIGN
KOME

TEMECULADESIGN
SICILY RECORDS FOR DJ

KALIMERA
DJ CERLA

THEMA CREART
WEBTV

STUDIO VITALE
RAI RAI FICTION 1998

RICREATIVI
CO.IND

NICOLASANCISI COMUNICAZIONEDESIGN
CE.S.CO.P.

NICOLA RUSSO
GEMMO

FK DESIGN
NEX

EIKON
GT TRADING

MECONCELLI / MANCINI
MECONCELLI MANCINI STUDIO

CREATIVITÀ E PARTNERS
MARANELLO POWER FOOD FACTORY

OL3 COMMUNICATIVE DESIGN
TEPCO

ceramic and ***more***

NO.PARKING
POLIBUSINESS

Upgrade
Gestione di Impresa e Progetti di Miglioramento

POLAROLO IMMAGINE E COMUNICAZIONE
UPGRADE

BENZ H$_2$O

CAMBIAMENTI
SPINELLI ROCCO

MATITEGIOVANOTTE
PRT EXPRESS

CENNI SABRINA
COMPAGNIA TEATRALE L'ASINO

EIKON
GNS INDUSTRIAL SYSTEMS

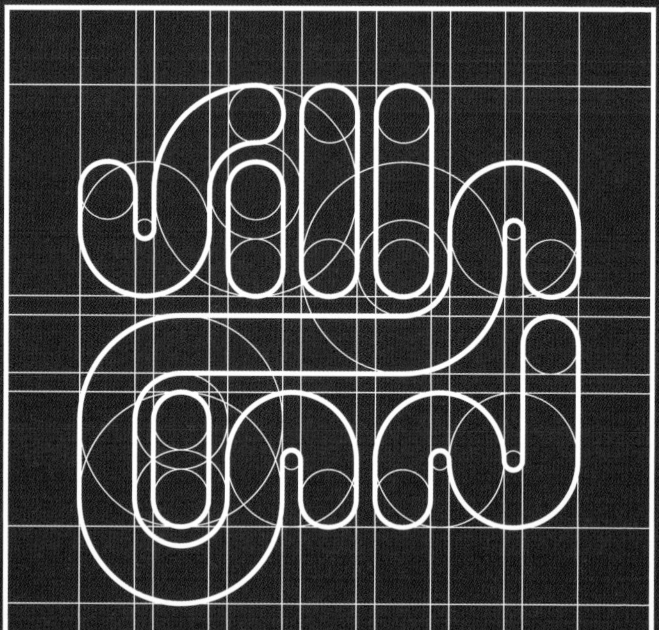

142
143

FRESHLY MADE

HAPPYCENTRO + SINTETIK
VILLACIAN

chiarindi

STUDIO KNECHT SOTTILE
CHIARINDI

& Daliah

STUDIO KNECHT SOTTILE
& DALIAH

marKa'
Winebar & Restaurant

START SOLUZIONI GRAFICHE
AMREX

KALIMERA
CRASH

RICREATIVI
IMPRESA MARTINELLI

KALIMERA
MALETTI

QUBIC COMMUNICATIONS
SIREA FRUTTADIVA

NO.PARKING
STOLL

ASILI&BOASSA
ANGOLONA

UBIS DESIGN E COMUNICAZIONE/ CBA PROGETTI
MOKARABIA

KALIMERA
SKY

SALA ADVERTISING
PADANIA ALIMENTI

RESULT ▾

waterfront
per la riqualificazione urbana

CASE STUDY ▾

STUDIOGUIDA
COMUNE DI BRINDISI

RESULT

MARCHIO DI QUALITÀ
Organizzazione Produttori Fanesi

CASE STUDY

NICOLASANCISI COMUNICAZIONEDESIGN
ASSOCIAZIONE PRODUTTORI PESCA ADRIATICA

>Business Network **Builders**

STUDIOMOBILE
Y-TECH

ViVissima

POLAROLO IMMAGINE E COMUNICAZIONE
SANT'ANGELICA

UBIS DESIGN E COMUNICAZIONE
GIOLMARINE

bolognafiereweb

MASSIMO CARRARO PUBBLICITÀ
BOLOGNA FIERE

TIRANABIENNALE3

ONDE
BIENNALE D'ARTE TIRANA

ecotechome®

SALT & PEPPER
ECOTECHOME

(Borsani) } **Comunicazione**

TANGRAM STRATEGIC DESIGN
BORSANI COMUNICAZIONE

Emiliaproperty.com

STUDIOMOBILE
EMILIA PROPERTY

THEMA CREART

THEMA CREART
THEMA CREART

edward**ROZZO**

EDWARD ROZZO
EDWARD ROZZO

Logotomica.

LOGOTOMICA
LOGOTOMICA

÷ orangedesign

ORANGEDESIGN
ORANGEDESIGN

KALIMERA
COCK AN EAR

TALENTO
TALENTO

ATYPICA
JO SYSTEM

mda
Studi Legali

LOEWY ADV
MDA

NUMBER TWO

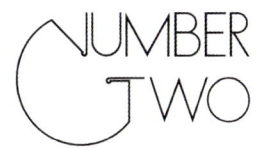

STUDIOGUIDA
NUMBER TWO

BIBLIOTECA EX GIL
Biblioteche Comunali Treviso

UBIS DESIGN E COMUNICAZIONE
SISTEMA BIBLIOTECARIO DI TREVISO

STUDIO GIURA DESIGN
CIVICO ANTIQUARIUM

EIKON
COMUNE DI URBINO

FK DESIGN
MISTER BRICK

D:SIGN
KEEN STREET WARE

KALIMERA
BENASSI BROS

GRUPPE GUT GESTALTUNG
ÖTZI CLUTOUR

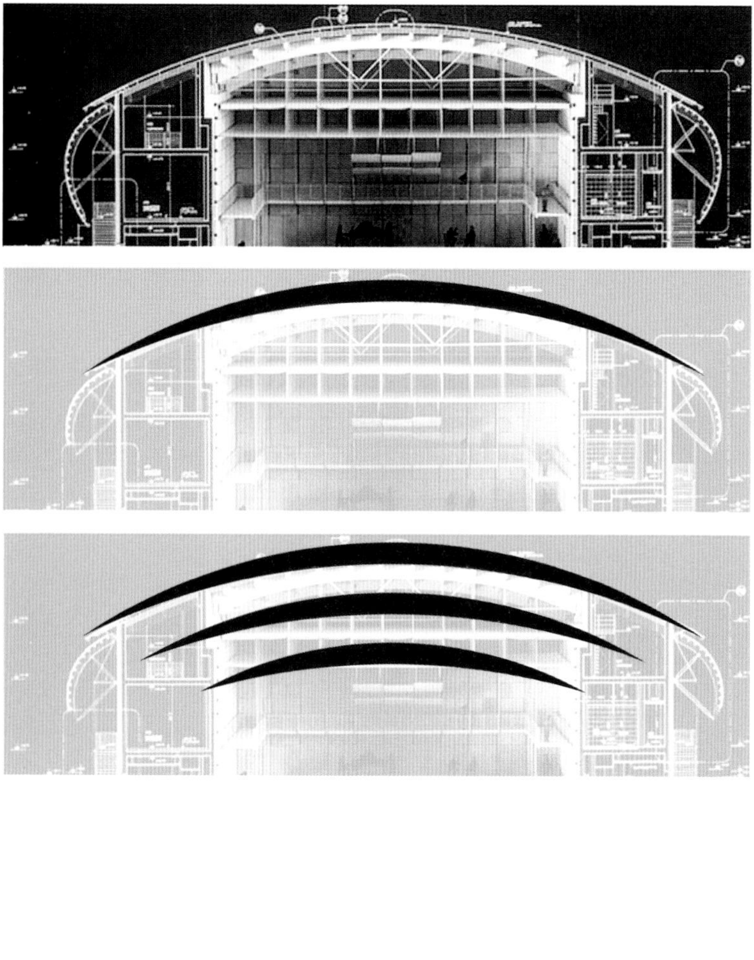

STUDIO VITALE
AUDITORIUM PARCO DELLA MUSICA

VERTIGO VISUAL DESIGN
AIR

TANGRAM STRATEGIC DESIGN
AVIS MILANO

PISCITELLI DANIELA DESIGN
COMPAGNIA DEL BAJO SCURO

STUDIOMOBILE
EMILIA PROPERTY

51M1
51M1

STUDIOGUIDA
FERAHANY

ATYPICA
NATÜI

STUDIO LAURA MORETTI
SO.PA.SA.

CARPANZANO FABRIZIO
QUALIFOOD

ASILI&BOASSA
SKIPPER SERVICE ENTERPRISE

STUDIO STEFANO PIERI
AD STUDIO SERVICE

51M1
ASSOCIAZIONE NAZIONALE TERRA CRUDA

R&MAG
EDIL PROTEC

RAINERI DESIGN
MICO SPORT

ASILI&BOASSA
OMI

NICOLA RUSSO
BANCA ANTONVENETA

CARMI E UBERTIS MILANO
A+

RAINERI DESIGN
P&R

HAPPYCENTRO+SINTETIK
BASALT

ASILI&BOASSA
CTM

OL3 COMMUNICATIVE DESIGN
COMUNE DI VITTORIO VENETO

NICOLA RUSSO
CCIAA PADOVA

DESIGN ASSOCIATI
AVENTRYS

PVOLPE DESIGN
MUSEO DI FOTOGRAFIA CONTEMPORANEA

SOLUZIONE GROUP
FESTIVAL DELLA CANZONE COMICA D'AUTORE

KREATIVAMENTE
ELLA PARRUCCHIERI

IMMEDIA
COMUNITÀ MONTANA DEL CASENTINO

LUMEN
REGIONE LOMBARDIA

STUDIO VITALE
SVILUPPO LAZIO

UNIVISUAL
FANDIS

NICOLA RUSSO
PUNTO UFFICIO

STUDIO GIANNI BORTOLOTTI/VIGNUDINI RAMONA
IMBO ARTE

ITALIAN RENAISSANCE
the start of a new era

KALIMERA
RED PUBLISHING

LORENZO BANAL
MTV ITALIA

LORENZO BANAL
MTV ITALIA

LORENZO BANAL
MTV ITALIA

LORENZO BANAL
MTV ITALIA

LORENZO BANAL
MTV ITALIA

LORENZO BANAL
MTV ITALIA

164
165

FRESHLY MADE

GRIT CREATIVE
ARCH DESIGN & PROMOTIONS

MATITEGIOVANOTTE
NIKE ITALY

ORANGEDESIGN
TEATRO COLLA

STUDIOMOBILE
VERITÀ E GIUSTIZIA PER GENOVA

TALENTO
FORESTALI

LINKAGE ADV/STUDIO MAGNI
COOPERATIVA COMMERCIO ALTERNATIVO

NO.PARKING
AGRITUR LE SIGALETTE

OFFICINE GRAFICHE MERIDIONALI
OGM

MARCO GUERRIERI
CLOE GUITARS

NICOLASANCISI COMUNICAZIONEDESIGN
LE COSE SOCIALI

NERI E DODÈ
LE CISTERNE

STUDIOMOBILE
RED RIBBON 2000

LCD
ESSENZA

GRUPPE GUT GESTALTUNG
BOZNER BROT

EDWARD ROZZO
ZIG ZAG VISUAL

NO.PARKING
MIRIADE

BRAND V

Ateikon®

OL3 COMMUNICATIVE DESIGN
ATEIKON

PRODUCTS V

NETBUSINESS

PROGEN

NETCALL

DEPLASS

SDB

SINTHESY

FRESHLY MADE

ZETALAB
SEVRES

ZETALAB
MEDIASET/NATALINO BALASSO SHOW

QUBIC COMMUNICATIONS
SIREA

KALIMERA
RED BULL

NICOLASANCISI COMUNICAZIONEDESIGN
VILLAMARINA

LP ASSOCIATI/MKT STRATEGICO
ELECTRICS TECNOLOGY

realizzatoridiidee

COPIAINCOLLA
REALIZZATORI DI IDEE

Davide Barbieri

Bruno Barbieri

Daniele Barbieri

[MU]DESIGN
MUSEI CIVICI DI IMOLA

KROMA
UNIVERSITÀ STUDI DI MILANO FACOLTÀ DI AGRARIA

IDEOGRAMMA
BELLORA

LINKAGE ADV/STUDIO MAGNI
PROMOTRE

SALA ADVERTISING
PADANIA ALIMENTI

MC CANN ERICKSON
CECERIA DI GIORGIO

KALIMERA
TAV/COMUNE DI REGGIO EMILIA

MACSTUDIO
FERRINO

STUDIOMOBILE
YODA

TEMECULADESIGN
TEMECULADESIGN

UBIS DESIGN E COMUNICAZIONE
SYMBOL

ZETALAB
MEDIASET IL VIAGGIATORE

NICOLASANCISI COMUNICAZIONEDESIGN
IL SOFFIONE

STUDIO GIANNI BORTOLOTTI/VIGNUDINI RAMONA
SPIRALFLEX

CBA PROGETTI
FOGES

NICOLASANCISI COMUNICAZIONEDESIGN
OCTOPUS

FRESHLY MADE

bonobodesign
libere espressioni

BONOBO DESIGN
BONOBO DESIGN

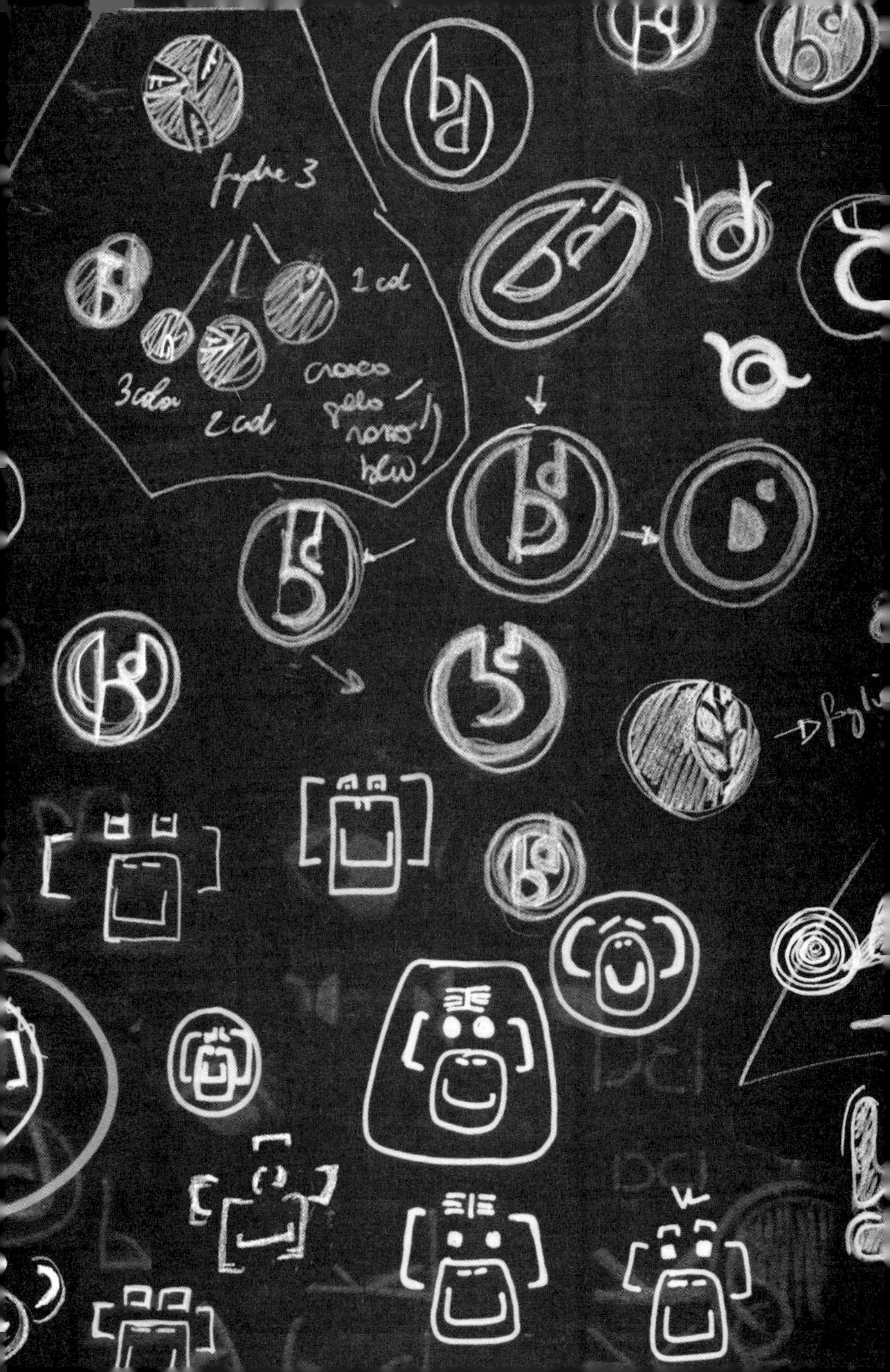
1 col
3color
2 col

ZETALAB
CONNEXINE

CILINDRINA
DOMO DESIGN

ZETALAB
ESTERNI/SALONE DEL MOBILE

BASAGLIA.COM
BORGHI

GIANNI BORTOLOTTI
IL CAFFÈ

CINQUE DECENNI VISSUTI ATTRAVERSO IL ROCK

PVOLPE DESIGN
CITTÀ DI ROMA

HAPPYCENTRO + SINTETIK
RADIO NY

D:SIGN
MASONHOUSE PRODUCTION

BALENA
BALENA

KALIMERA
KALIMERA/NETRIBE

OL3 COMMUNICATIVE DESIGN
TRIBALCAST

KALIMERA
CENTRO GIOVANI BRESCELLO

BALENA
OREA MALIÀ

RAINERI DESIGN
HANGOUT

IMMEDIA
CROMATICA

FASHION REPUBLIC

DINAMO PROJECT
BELOVE

STP
Save the Price

DINAMO PROJECT
BELOVE

TEMECULADESIGN
MF MAPHIAFAMILYCLOTHING

ZETALAB
VALENTINA TAGLIAMACCO

Kombacha®

RAINERI DESIGN
KOMBACHA

logomania logomania

Lifting

AFTER V

wizard

BEFORE V

WizArd
SOFTWARE · HARDWARE · FORMAZIONE

MATITEGIOVANOTTE
WIZARD SOFTWARE

REJECT V

AFTER ☑

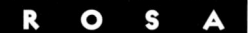

R O S A   E Q U I P E

BEFORE ☑

ROSA EQUIPE

ASPIRINE
ROSA EQUIPE

REJECT ☑

AFTER	BEFORE
thomas tai	CENTRI BENESSERE Thomas Tai®

EQUILIBRISOSPESI
INDACO

AFTER	BEFORE
Hemingway cafe discodinner	HEMINGWAY CAFE

[MU]DESIGN
HEMINGWAY

AFTER	BEFORE
edil broker — partner delle tue iniziative	EB edilbroker s.n.c.

INSIDE BRAND
EDILBROKER

AFTER	BEFORE
ZANDONA' CARRELLI ELEVATORI	ZANDONA' CARRELLI ELEVATORI

FK DESIGN
ZANDONA'

AFTER	BEFORE
2HALF PRODUCTIONS	twohalf PRODUCTIONS

D:SIGN
TWOHALF PRODUCTION

AFTER	BEFORE
grapho5service	grapho 5 LITOGRAFIA

STUDIO STEFANO PIERI
GRAPHO 5 SERVICE

AFTER	BEFORE
BB BERLONI BAGNO	Berloni Bagno

EIKON
BERLONI BAGNO

AFTER	BEFORE
Fondazione Carife — Cassa di Risparmio di Ferrara	Fondazione CASSA DI RISPARMIO DI FERRARA

LINKAGE ADV/STUDIO MAGNI
FONDAZIONE CARIFE

AFTER

BEFORE

CARMI E UBERTIS MILANO
DAINESE

AFTER

EFFETTO ORO

BEFORE

NO.PARKING
EFFETTO ORO'

AFTER ▼

salmoiraghi & viganō

BEFORE ▼

SALMOIRAGHI & VIGANO'

UNIVISUAL
SALMOIRAGHI E VIGANÒ

AFTER ▼

KALIMERA

BEFORE ▼

KALIMERA
KALIMERA

AFTER ▾

FONTEGRAFICA
idee di stampa

BEFORE ▾

fontegrafica

CACAO DESIGN
FONTEGRAFICA

AFTER ▾

IDD
JEWELRY

BEFORE ▾

idd

FK DESIGN
IDD

194
195

LIFTING

AFTER

BEFORE

R&MAG
CASOLARO HOTELLERIE

AFTER

BEFORE

LUMEN
MUKKI

AFTER ▼

BEFORE ▼

CARRÉ NOIR
LA CREMERIA MOTTA

AFTER ▼

BEFORE ▼

CARRÉ NOIR
CONSERVE ITALIA'

AFTER ▾

BEFORE ▾

GRAFICABGC/PASCUCCI D-SIGN
MANDARINA DUCK

AFTER ▾

BEFORE ▾

LORENZETTI JACOPO
F27 STUDIO ARCHITETTURA

AFTER

BEFORE

LA DITTA
SEDA INTERNATIONAL PACKAGING GROUP

AFTER

spazio zerouno

BEFORE

EDWARD ROZZO
SPAZIO ZEROUNO

AFTER

BEFORE

NICOLASANCISI COMUNICAZIONEDESIGN
GRUPPO QUID

AFTER

BEFORE

ASILI&BOASSA
AERONIKE

Sàfilo®

LA CORNICE RENDE MOLTO STATICO IL MARCHIO

LE CURVE SONO TROPPO CORTE DI RAGGIO (LA CORNICE È COSÌ TROPPO RIGIDA)

IL CARATTERE RISENTE IL TEMPO

DISEGNO CHE NON RIMANDA NÈ ALLA TECNOLOGIA NÈ ALLA MODA

AFTER ▼

BEFORE ▼

BRUNAZZI&ASSOCIATI
SAFILO

AFTER ☑

RUN ✓
DISCOVERY KENYA 05

BEFORE ☑

DISCOVERY KENYA 2005

MATITEGIOVANOTTE
NIKE ITALY

AFTER ☑

tecnopound

BEFORE ☑

TECNOPOUND

EQUILIBRISOSPESI
TECNOPOUND

AFTER ▼

BEFORE ▼

KALIMERA
CARBONI

AFTER ▼

BEFORE ▼

CILINDRINA
CILINDRINA

AFTER

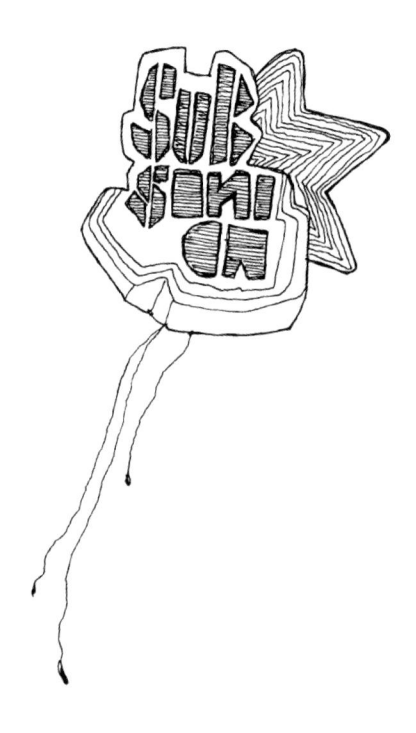

BEFORE

HAPPYCENTRO + SINTETIK
SUBSONICA

AFTER	BEFORE

BRUNAZZI&ASSOCIATI
FACIS

AFTER	BEFORE

CARRÉ NOIR ROMA
SOGIN

AFTER	BEFORE

QUBIC COMMUNICATIONS
SIREA

AFTER	BEFORE

VISIONARIA
NORDIMPIANTI

204
205

LIFTING

AFTER	BEFORE
EUROPLAST PRODOTTI E TECNOLOGIE PER EDILIZIA	EUROPLAST

TANGRAM STRATEGIC DESIGN
EUROPLAST

AFTER	BEFORE
ifm INFOMASTER	IFM INFOMASTER

TANGRAM STRATEGIC STUDIO
IFM INFOMASTER

AFTER	BEFORE
eAmbiente INGEGNERIA PER L'AMBIENTE	e-Ambiente

CORVINOGUALANDI
E-AMBIENTE

AFTER	BEFORE
BIOMUSHROOM® produzione funghi biologici	BIOMUSHROOM

ATYPICA
BIOMUSHROOM

AFTER | BEFORE

ZETALAB
PRY

AFTER | BEFORE

NO.PARKING
HOTEL GARNI GRANVAL

AFTER | BEFORE

NO.PARKING
RIGON & RIGON

AFTER | BEFORE

STUDIO KNECHT SOTTILE
A'NANDA KA'NAN

AFTER V

BEFORE V

EIKON
SICA

208
209

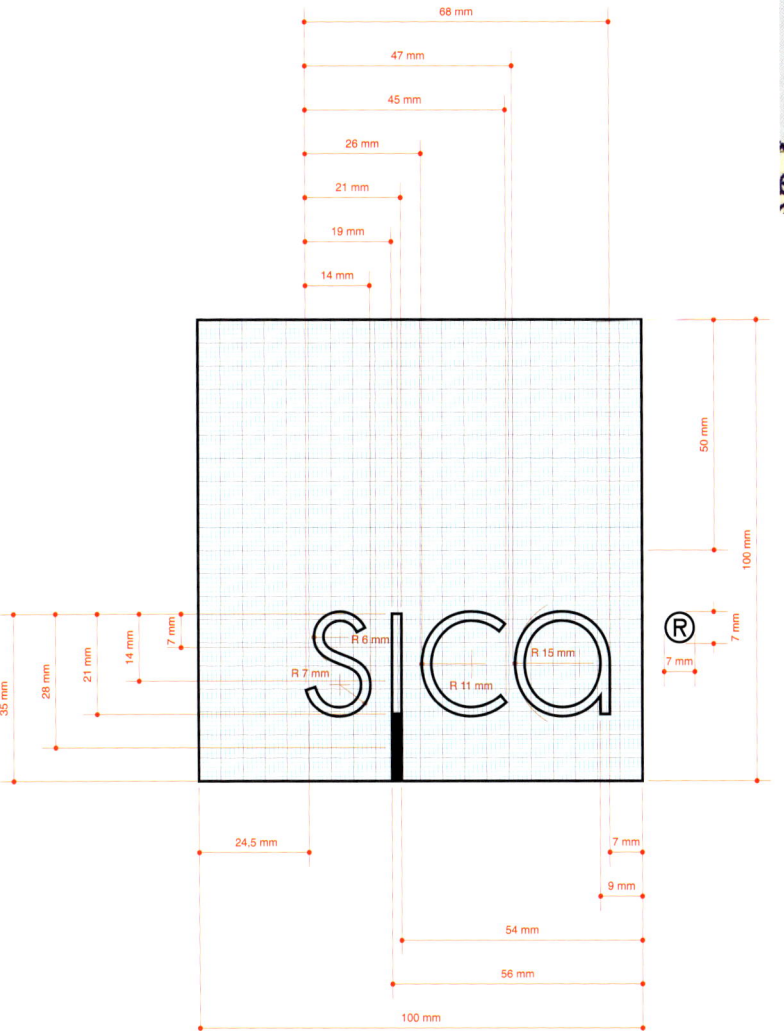

LIFTING

AFTER

Innovacht
CUSTOM TECHNOLOGIES

BEFORE

IN*nova* S.r.l.

TANGRAM STRATEGIC DESIGN
INNOVA

AFTER

truzzi

BEFORE

truzzi
prefabbricati

SIGLA
TRUZZI PREFABBRICATI

AFTER

BEFORE

STUDIOROTELLA
CNR

AFTER

AKAPPA
ARTE E SCIENZA DELLA NATURA

BEFORE

STUDIO KNECHT SOTTILE
AKAPPA

AFTER

TERRANOVA
MADE IN ITALY

BEFORE

TERRANOVA
MADE IN ITALY

CENNI SABRINA
TEDDY

AFTER

metalmobil

BEFORE

metalmobilarredo

STUDIO STEFANO PIERI
METALMOBIL

AFTER

oikos associati visual communication

BEFORE

OIKOS ASSOCIATI
OIKOS ASSOCIATI

AFTER

BEFORE

FK DESIGN
ASSOCIAZIONE CULTURALE VENETO JAZZ

AFTER | BEFORE

THEMA CREART
SIME

AFTER | BEFORE

CARMI E UBERTIS MILANO
PARMALAT

AFTER | BEFORE

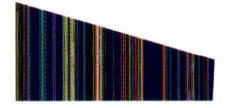

TANGRAM STRATEGIC DESIGN
NEW MOOD GRUPPO DAMIANI

AFTER | BEFORE

TANGRAM STRATEGIC DESIGN
DAVIDE CAMPARI

AFTER V

BEFORE V

KALIMERA
RED PUBLISHING

AFTER ▼ | BEFORE ▼

CARMI E UBERTIS MILANO
BACI PERUGINA (NESTLÈ)

AFTER ▼ | BEFORE ▼

TANGRAM STRATEGIC DESIGN
TELECOM & CAPITAL EXPRESS

AFTER ▼ | BEFORE ▼

UNIVISUAL
BANCA POPOLARE DI BARI

AFTER ▼ | BEFORE ▼

TANGRAM STRATEGIC DESIGN
VINCENZO BONA

AFTER V

bieffe
INDUSTRIA GRAFICA

BEFORE V

bieffe
AZIENDA GRAFICA

STUDIO STEFANO PIERI
BIEFFE

AFTER	BEFORE

STUDIO STEFANO PIERI
KSP

AFTER	BEFORE

MARCO MUSSONI/DIGITAL DESIGN
COCORICÒ

AFTER	BEFORE

TOFFON
RETRÒ

AFTER	BEFORE

CASA WALDEN COMUNICAZIONE
ECA CONSULT

AFTER	BEFORE

RICREATIVI
QUBICA AMF

AFTER	BEFORE

ONDE
ITALIA NOSTRA

AFTER	BEFORE

RICREATIVI
SOGEMA

AFTER	BEFORE

TANGRAM STRATEGIC DESIGN
REVOS

AFTER ▾

BEFORE ▾

R&MAG
ZIG

AFTER ▾

BEFORE ▾

STUDIOMOBILE
STUDIOMOBILE

AFTER

BEFORE

VISIONARIA
RADIO PARSIFAL CALIFORNIA

AFTER

BEFORE

ONDE
ASTER

AFTER V

rino rosini
arredamenti, cucine, infissi su progetto

BEFORE V

rino rosini
arredamenti, cucine, infissi su progetto

REJECT V

rinorosini
ARREDAMENTI CUCINE INFISSI SU PROGETTO

rino rosini
arredamenti, cucine, infissi su progetto

VISIONARIA
RINO ROSINI ARREDAMENTI

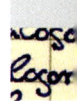

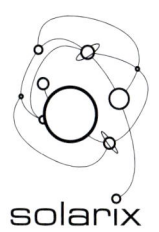

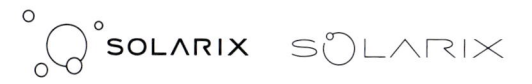

AFTER

SOLARIX
INTERNET PER IL TUO BUSINESS

BEFORE

solarix

REJECT

solarix

SOLARIX   SOLARIX

ZEROKILOWATT DI CRISTIANO ANDREANI
SOLARIX

AFTER

botanicon.com

BEFORE

BOTAN*icon*

JEKYLL & HYDE
BOTANICON.COM

AFTER

granataimages.com

BEFORE

Granataimages.com

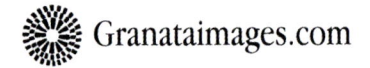

JEKYLL & HYDE
GRANATAIMAGES.COM

AFTER ☑

royaltyfree.it

BEFORE ☑

immagini in libertà
Royaltyfree.IT

REJECT ☑

granataimages.com

royaltyfree.it

botanicon.com

JEKYLL & HYDE
GRANATAIMAGES.COM

AFTER

BEFORE

REJECT

ASPIRINE
BAGNO KURSAAL

AFTER

BEFORE

REJECT

2MLAB
MENAGE A TROIS

menage a trois

Studiolist

ABC&Z
BOLOGNA
matteo.carboni@abcz.it
www.abcz.it
Freshly made_40, 43

ACHILLIGHIZZARDI ASSOCIATI
MILANO
studio@agdesign.it
www.agdesign.it
Freshly made_19, 29, 30, 41, 43, 44, 50, 120

ADCI
MILANO
info@adci.it
www.adci.it
Freshly made_38

ADVANCE
CREMA - CREMONA
advance@advanceitalia.com
www.advanceitalia.com
Freshly made_41, 47

ADVCREATIVI
ANCONA
adv@advcreativi.com
www.advcreativi.com
Freshly made_19, 66, 73, 74, 119

AIR STUDIO
MILANO
info@spazio.org
www.spazio.org
Freshly made_19

ALIAS
REGGIO EMILIA
alias@aliascomunicazione.it
www.aliascomunicazione.it
Freshly made_20, 44, 45, 119

AMBROSINI&ASSOCIATI
MILANO
segreteria@ambrosinieassociati.it
www.ambrosinieassociati.it
Freshly made_45, 46

ARMANDO E MAURIZIO MILANI
MILANO
info@milanidesign.it
www.milanidesign.it
Freshly made_20, 29, 30, 43, 49, 112

ARS MEDIA GROUP
ROMA
info@arsmediagroup.it
www.arsmediagroup.it
Freshly made_19

ART-BIT
ROMA
colore@art-bit.net
www.art-bit.net
Freshly made_104

ARTMOSFERA
SCORZÈ - VENEZIA
info@artmosfera.it
www.artmosfera.it
Freshly made_28, 44, 45

ASILI&BOASSA
CAGLIARI
s.asili@tiscali.it
www.asilieboassa.com
Freshly made_20, 28, 29, 146, 161, 162
Lifting_199

ASPIRINE
FERRARA
info@aspirine.co.uk
www.aspirine.co.uk
Freshly made_67, 68, 70, 95
Lifting_ 188, 189, 226

ATYPICA
TREVISO
info@atypica.net
www.atypica.net
Freshly made_57, 154, 160
Lifting_206

BALENA
CASELLE - BOLOGNA
info@balena.it
www.balena.it
Freshly made_28, 49, 128, 180

BASAGLIA.COM
SAN PROSPERO - MODENA
info@basaglia.com
www.basaglia.com
Freshly made_122, 123, 129, 179

BLL PARMA
PARMA
blladvert@yahoo.it
Freshly made_17, 21, 129

BONOBO DESIGN
BUSTO ARSIZIO - VARESE
ago@bonobodesign.it
www.bonobodesign.it
Freshly made_176, 177

BRANDOLINI+PLÉE
TREVISO
info@brandoliniplee.com.ar
www.brandoliniplee.com.ar
Freshly made_17, 31

BRUNAZZI&ASSOCIATI
TORINO
info@brunazzi.com
www.brunazzi.com
Freshly made_114
Lifting_200, 201, 205

CACAO DESIGN
MILANO
info@cacaodesign.it
www.cacaodesign.it
Freshly made_ 17, 20, 46, 49, 128
Lifting_194

CAMBIAMENTI
FAENZA - RAVENNA
info@cambiamenti.net
www.cambiamenti.ne
Freshly made_17, 140

CARLORAFFAELLI-COMUNICAZIONE
PISA
posta@carloraffaelli.com
www.carloraffaelli.com
Freshly made_32

CARMI E UBERTIS MILANO
MILANO
info@communicationdesign.it
www.communicationdesign.it
Freshly made_21, 23, 25, 29, 30, 37, 40, 44, 51, 115, 126, 162
Lifting_192, 214, 216

CARPANZANO FABRIZIO
CATANZARO
fabrizio@carpanzano.net
www.carpanzano.net
Freshly made_21, 44, 161

CARRÉ NOIR
TORINO
carremoir@carrenoir.it
www.carrenoir.it
Freshly made_60, 61, 128
Lifting_196

CARRÉ NOIR ROMA
ROMA
info@carrenoir-roma.it
www.carrenoir-roma.it
Freshly made_38
Lifting_205

CARTABIANCA
BOLOGNA
brufrati@tin.it
www.cartabianca-graficaedesign.it
Freshly made_47, 117

CARTA E MATITA
MILANO
info@cartaematita.it
www.cartaematita.it
Freshly made_23, 118

CASA WALDEN COMUNICAZIONE
FORLÌ
info@casawalden.com
www.casawalden.com
Freshly made_17, 18, 21, 33, 47, 119, 126
Lifting_218

CBA PROGETTI
VILLORBA - TREVISO
info@cbaprogetti.it
www.cbaprogetti.it
Freshly made_26, 175

CENNI SABRINA
VILLA VERUCCHIO - RIMINI
sabrinacenni@virgilio.it
www.sabrinacenni.it
Freshly made_141
Lifting_212

CENTO PER CENTO
MILANO
pit@pitacco.com
www.pitacco.com
Freshly made_40, 49, 114, 126

CILINDRINA
RIMINI
info@cilindrina.it
www.cilindrina.it
Freshly made_20, 59, 117, 121, 178
Lifting_203

51M1
CAGLIARI
design51m1@tiscali.it
Freshly made_45, 46, 49, 160, 161

**CLAUDIO CRISTOFORI
E ASSOCIATI**
PARMA
info@cristoforiassociati.it
Freshly made_24, 29, 104, 120, 129

COPIAINCOLLA
MANTOVA
info@copiaincolla.com
www.copiaincolla.com
Freshly made_172, 173

CREMASCO GIULIANO
SCHIO - VICENZA
posta@giulianocremaso.it
Freshly made_74, 88, 120

DESIGN ASSOCIATI
MOGLIANO VENETO - TREVISO
info@design-associati.it
www.design-associati.it
Freshly made_ 40, 47, 49, 127, 162

DONALD & COMPANY
BRESCIA
cristina@donaldecompany.com
www.donaldecompany.com
Freshly made_16, 38

EIKON
FOSSOMBRONE - PESARO
E URBINO
info@eikon.net
www.eikon.net
Freshly made_16, 17, 23, 29, 37, 38, 40, 42, 46, 47, 49, 50, 138, 141, 156
Lifting_191, 208, 209

CLAVIS (JANA GALDUNOVÀ)
FIRENZE
jana.galdunova@gmail.com
Freshly made_114

CORVINOGUALANDI
CORBANESE DI TARZO - TREVISO
gualandi.corvino@libero.it
Freshly made_127
Lifting_206

D:SIGN
ROMA
d.sign@hotmail.it
Freshly made_33, 38, 55, 157, 180
Lifting_191

DIAZ GABRIELA
GENOVA
gabriela@giuffredi.net
Freshly made_ 24, 117

2MLAB
CESENA
info@2mlab.com
www.2mlab.com
Freshly made_ 40, 45, 63, 69
Lifting_ 226, 227

EQUILIBRISOSPESI
RUSSI - RAVENNA
info@equilibrisospesi.com
www.equilibrisospesi.com
Freshly made_41, 101, 135
Lifting_190, 202

CONCRETA COMUNICAZIONI
MILANO
s.carrus@concretacom.it
www.concretacom.it
Freshly made_49, 113, 127

CREATIVITÀ & PARTNERS
PARMA
info@creativitaepartners.com
www.creativitaepartners.com
Freshly made_18, 36, 117, 119, 120, 139

DEADINK
MARINO - ROMA
info@deadink.com
www.deadink.com
Freshly made_50, 56

DINAMO PROJECT
IMOLA - BOLOGNA
961@dinamoproject.com
www.dinamoproject.com
Freshly made_30, 37, 53, 59, 182

EDWARD ROZZO
MILANO
edrozzo@fastwebnet.it
www.edwardrozzo.it
Freshly made_105, 153, 167
Lifting_198

ESSEBLU
MILANO
esseblu@tin.it
www.esseblu.it
Freshly made_38, 41, 102

FABBRICANDO
CESENA - FC
info@fabbricando.com
www.fabbricando.com
Freshly made_94, 131

FK DESIGN
CASTELFRANCO VENETO - TREVISO
info@fkdesign.it
www.fkdesign.it
Freshly made_16, 41, 76, 130, 138, 156
Lifting_190, 194, 213

FUNKLAB
MILANO
gio@funk-lab.org
www.funk-lab.org
Freshly made_37, 41, 42, 48, 103

GIANNI ROSSI
CESENA - FC
contact@giannirossi.net
www.giannirossi.net
Freshly made_24, 55, 57

GRECO ADV
MILANO
info@lagraficaweb.it
www.lagraficaweb.it
Freshly made_113

HAPPYCENTRO+SINTETIK
VERONA
info@happycentro.it
www.happycentro.it
Freshly made_ 41, 42, 53, 54, 55, 56, 57, 59, 62, 70, 142, 143, 162, 180
Lifting_204

FANCY BIZ
CERVIA - RAVENNA
info@fancybiz.it
www.fancybiz.it
Freshly made_130

FLUID DESIGN LAB
TEZZE SUL BRENTA - VICENZA
info@fluiddesignlab.com
www.fluiddesignlab.com
Freshly made_50, 96, 97

GERBELLA GRAPHIC DESIGN
RAVENNA
gianpiero.gerbella@tin.it
Freshly made_25, 29, 30, 51, 52, 53, 77, 90, 91, 113, 118, 119, 130, 133

GRAFICA BGC
IMOLA - BOLOGNA
beatrice@graficabgc.it
www.graficabgc.it
Freshly made_16, 131
Lifting_197

GRIT CREATIVE
ROMA
info@grit.it
www.grit.it
Freshly made_113, 120, 131, 166

HARTA DESIGN
GENOVA
harta@iol.it
info@hartadesign.it
www.hartadesign.it
Freshly made_ 39

FEROLI
FORLÌ
info@feroli.it
www.feroli.it
Freshly made_16, 119, 120

DE'FLUMERI MARIANI
GIUSSANO - MILANO
leila@deflumerimariani.it
www.deflumerimariani.it
Freshly made_105

GIANNI BORTOLOTTI
BOLOGNA
studio.bortolotti@eur.it
www.bortolottinternational.it
Freshly made_110, 111, 115, 179

GRAFICHERÒ
BASTIA UMBRA - PERUGIA
info@grafichero.it
www.grafichero.it
Freshly made_16

GRUPPE GUT GESTALTUNG
BOLZANO
alfons@gruppegut.it
www.gruppegut.it
Freshly made_ 19, 21, 33, 42, 100, 104, 112, 132, 157, 167

IDEOGRAMMA
LEGNANO - MILANO
ideogramma@ideogramma.it
www.ideogramma.it
Freshly made_70, 174

ILIPRANDI ASSOCIATI
MILANO
info@ili-asso.com
www.ili-asso.com
Freshly made_114, 132

INSIDE BRAND
VERDELLINO - BERGAMO
info@insidebrand.it
www.insidebrand.it
Freshly made_42
Lifting_190

KALIMERA
REGGIO EMILIA
staff@kalimera.it
www.kalimera.it
Freshly made_18, 22, 24, 25, 26, 36, 37, 39, 47, 48, 53, 55, 56, 57, 100, 102, 108, 134, 136, 145, 147, 154, 157, 164, 171, 174, 180
Lifting_193, 203, 215

KREATIVAMENTE
RAGUSA
info@kreativamente.it
www.kreativamente.it
Freshly made_18, 23, 163

LCD
FIRENZE
lcd@lcd.it
www.lcd.it
Freshly made_53, 98, 99, 167

LOGOTOMICA
CASELLE DI
SOMMACAMPAGNA - VERONA
belletti@logotomica.it
olivieri@logotomica.it
www.logotomica.it
Freshly made_153

IMMAGINA
CAMPODARSEGO - PADOVA
info@immagina.biz
www.immagina.biz
Freshly made_69, 75, 76, 83

JEKYLL & HYDE
MILANO
info@jeh.it
www.jeh.it
Freshly made_56, 69, 87, 89
Lifting_224, 225

KIRO
PIEVE DI CENTO - BOLOGNA
giulia@studiokiro.it
www.studiokiro.it
Freshly made_112

KROMA
MILANO
luca.selvi@kromacomunicazione.it
roberta.santagostino@kromacomunicazione.it
Freshly made_104, 174

LINKAGE ADV/STUDIO MAGNI
BOLOGNA
info@linkage.it
laura@linkage.it
www.linkage.it
Freshly made_24, 72, 166, 174
Lifting_191

LORENZETTI JACOPO
ROMA
j.lorenzetti@rospo.net
www.jacopolorenzetti.it
Lifting_197

IMMEDIA
AREZZO
info@immediaarezzo.it
Freshly made_32, 42, 51, 119, 133, 163, 181

KAERU DESIGN
BOLOGNA
info@kaeru.it
www.kaeru.it
Freshly made_71, 77, 78, 100

KREATTIVA
MOTTA DI LIVENZA - TREVISO
contact@kreattiva.it
www.kreattiva.it
Freshly made_18, 36, 48, 102, 108, 112

LA DITTA
MILANO
laditta@laditta.com
www.laditta.com
Lifting_198

LOEWY ADV
MILANO
GENOVA
info@loewyadv.it
www.loewyadv.it
Freshly made_155

LORENZO BANAL
MILANO
lorenzo@nklz.com
www.nklz.com
Freshly made_165

LP ASSOCIATI/MKT STRATEGICO
S.EUFEMIA - BRESCIA
info@lpassociati.it
www.lpassociati.it
Freshly made_171

LUMEN
MILANO
pr@lumengroup.com
Freshly made_104, 163
Lifting_195

MACSTUDIO
TORINO
info@macstudio.it
www.macstudio.it
Freshly made_30, 38, 112, 174

MARCO D'AROMA
PESCARA
info@marcodaroma.it
www.marcodaroma.it
Freshly made_20, 50

MARCO GUERRIERI
ROMA
marco.guerrieri@socon.it
www.socon.it
Freshly made_32, 48, 100, 167

MARCO MUSSONI DIGITAL DESIGN
FALCIANO - RSM
mmussoni@digital.sm
www.digital.sm/marcomussoni
Freshly made_22, 40
Lifting_218

MARIO PAROLI
PARMA
mario.paroli@qubic.it
www.qubic.it
Freshly made_22

MASSIMO CARRARO PUBBLICITÀ
MILANO
max@massimocarraro.com
www.massimocarraro.com
Freshly made_151

MATITEGIOVANOTTE
FORLÌ
info@matitegiovanotte.com
www.matitegiovanotte.com
Freshly made_58, 101, 117, 119, 120, 141, 166
Lifting_186, 187, 202

MC CANN ERICKSON
ROMA
loredana.galante@mccann.com
Freshly made_174

MECONCELLI / MANCINI
BUONCONVENTO - SIENA
meconcelli@unisi.it
mancinia@unisi.itt
Freshly made_139

MONDIN DAVIDE COMMUNICATION DESIGN
MARANO VICENTINO - VICENZA
davide.mondin@virgilio.it
Freshly made_71, 101, 134

[MU]DESIGN
IMOLA - BOLOGNA
info@mudesign.it
www.mudesign.it
Freshly made_45, 50, 174
Lifting_ 190

NERI E DODÈ
CATANIA
info@neriedode.it
www.neriedode.it
Freshly made_167

NICOLA RUSSO
PADOVA
info@nicolarusso.com
www.nicolarusso.com
Freshly made_55, 58, 59, 102, 106, 138, 161, 162, 163

NICOLASANCISI COMUNICAZIONEDESIGN
PESARO
info@nicolasancisi.it
www.nicolasancisi.it
Freshly made_32, 59, 72, 75, 100, 101, 103, 105, 113, 115, 125, 137, 149, 167, 171, 175
Lifting_199

NO.PARKING
VICENZA
inbox@noparking.it
www.noparking.it
Freshly made_23, 24, 28, 42, 58, 100, 103, 116, 140, 146, 166, 167
Lifting_192, 207

OFFICINA COMUNICAZIONE
MODENA
andreamarchesi@officinacomunicazione.it
www.officinacomunicazione.it
Freshly made_71

OFFICINE GRAFICHE MERIDIONALI
MESAGNE - BRINDISI
info@ogmdesign.it
www.ogmdesign.it
Freshly made_71, 166

ONDE
BOLOGNA
marco@ondecomunicazione.it
www.ondecomunicazione.it
Freshly made_117, 151
Lifting_219, 221

PIER©OMMUNICATION
TREVISO
info@mpiercdesign.it
www.piercommunication.com
Freshly made_34, 35, 36

PVOLPE DESIGN
MILANO
pvolpe@pvolpedesign.com
www.pvolpedesign.com
Freshly made_25, 162, 179

RAINERI DESIGN
BRESCIA
info@raineridesign.com
www.raineridesign.com
Freshly made_22, 36, 106, 107, 114, 115, 116, 121, 124, 135, 161, 162, 180, 183

SALA ADVERTISING
PARMA
sala.adv@libero.it
Freshly made_112, 147, 174

OIKOS ASSOCIATI COMUNICAZIONE VISIVA
MONZA - MILANO
info@oikosassociati.com
www.oikosassociati.com
Freshly made_19, 79
Lifting_213

ORANGEDESIGN
CANTÙ - COMO
info@orangedesign.it
www.orangedesign.it
Freshly made_21, 22, 38, 39, 105, 109, 153, 166

PISCITELLI DANIELA DESIGN
TUSCANIA - VITERBO
europdan@hotmail.com
Freshly made_26, 160

QUBIC COMMUNICATIONS
PARMA
info@qubic.it
www.qubic.it
Freshly made_33, 146, 170
Lifting_205

RICREATIVI
S.MATTEO DECIMA - BOLOGNA
ricreativi@ricreativi.it
www.ricreativi.it
Freshly made_30, 36, 59, 112, 137, 145
Lifting_219

SALT & PEPPER
PERUGIA
paul@salt-pepper.it
www.salt-pepper.it
Freshly made_100, 109, 116, 134, 151

OL3 COMMUNICATIVE DESIGN
VITTORIO VENETO - TREVISO
ol3@ol3.it
www.ol3.it
Freshly made_18, 21, 26, 30, 55, 56, 101, 108, 115, 116, 120, 139, 162, 168, 169, 180

PAOLO BANZOLA
RAVENNA
zoobox@mac.com
www.tuttifrutti.it
Freshly made_22, 28, 81, 106

POLAROLO IMMAGINE E COMUNICAZIONE
TORINO
polar@polarolo.it
www.polarolo.com
Freshly made_140, 150

R&MAG GRAPHIC DESIGN
CASTELLAMMARE DI STABIA - NAPOLI
info@remag.it
www.remag.it
Freshly made_26, 72, 73, 102, 104, 106, 115, 161
Lifting_195, 220

RITA DEGLI ALBERI
PARMA
ritadegl@tin.it
Freshly made_32

68 DESIGN LAB
LIDO DI CAMAIORE - LUCCA
info@68designlab.com
Freshly made_ 19, 29

SIGLA
LEVATA DI CURTATONE
- MANTOVA
info@sigla.it
www.sigla.it
Freshly made_32, 125, 135
Lifting_210

SOLUZIONE GROUP
BRESCIA
info@soluzionegroup.com
www.soluzionegroup.com
Freshly made_106, 163

START SOLUZIONI GRAFICHE
BASSANO DEL GRAPPA
- VICENZA
start@startgrafica.it
www.startgrafica.it
Freshly made_144

STUDIO CENTRO MARKETING
VICENZA
info@studiocentromarketing.it
www.studiocentromarketing.it
Freshly made_103

STUDIO FEZ
RONCADE - TREVISO
info@studiofez.it
www.studiofez.it
Freshly made_79

**STUDIO GIANNI BORTOLOTTI
VIGNUDINI RAMONA**
BOLOGNA
ramonavignudini@libero.it
www.bortolottinternational.it
Freshly made_163, 175

STUDIO GIURA DESIGN
LAVELLO - POTENZA
info@giuradesign.it
www.giuradesign.it
Freshly made_50, 156

STUDIOGUIDA
NAPOLI
feguida@studioguida.net
www.studioguida.net
Freshly made_101, 115, 116, 148, 155, 160

STUDIO KNECHT SOTTILE
TREVISO
daliah@knechtsottile.com
www.knechtsottile.com
Freshly made_57, 106, 144
Lifting_207, 211

STUDIO LAURA MORETTI
MONTEVARCHI - AREZZO
studio@lauramoretti.com
www.lauramoretti.com
Freshly made_107, 160

STUDIOMOBILE
GENOVA
mirko.credito@studiomobile.it
www.studiomobile.it
Freshly made_22, 26, 28, 62, 65, 104, 106, 108, 150, 152, 160, 166, 167, 175
Lifting_220

STUDIOROTELLA
NAPOLI
studiorotella@libero.it
www.studiorotella.biz
Freshly made_26, 101
Lifting_211

**STUDIO STEFANO PIERI
GRAPHIC DESIGN**
PESARO
info@studiopier.it
info@studiopier.it
Freshly made_32, 105, 115, 161
Lifting_191, 212, 217, 218

STUDIO VITALE
ROMA
studio@ettorevitale.it
Freshly made_23, 28, 33, 36, 124, 137, 158, 159, 163

TALENTO
PADOVA
office@talentocreativo.it
www.talentocreativo.it
Freshly made_154, 166

**TANGRAM
STRATEGIC DESIGN**
NOVARA
info@tangramsd.it
www.tangramsd.it
Freshly made_152, 160
Lifting_206, 210, 214, 216, 219

TEMECULADESIGN
ROMA
info@temecula.it
c.deveroli@temecula.it
www.temeculadesign.it
Freshly made_24, 26, 27, 136, 175, 182

THE AD STORE ITALIA
PARMA
info@adstore.it
www.adstore.it
Freshly made_117

THEMA CREART
CREMA - CREMONA
info@themacreart.com
www.themacreart.com
Freshly made_102, 136, 152
Lifting_214

TOFFON
BASSANO DEL GRAPPA
- VICENZA
renato@toffon.it
www.toffon.it
Lifting_218

**UBIS DESIGN
E COMUNICAZIONE**
TREVISO
ubis@ubis.com
www.ubis.com
Freshly made_22, 101, 116, 147, 150, 155, 175

UNIVISUAL
MILANO
mail@univisual.it
www.univisual.it
Freshly made_33, 108, 163
Lifting_193, 216

VERTIGO VISUAL DESIGN
ROMA
rullo@vertigodesign.it
www.vertigodesign.it
Freshly made_32, 33, 103, 114, 160

VISIONARIA
PESCARA
info@visionaria.info
www.visionaria.info
Freshly made_33, 72, 80, 103, 108, 114, 116
Lifting_205, 221, 222

WINSTON WOLF
REGGIO EMILIA
info@winstonwolf.it
www.winstonwolf.it
Freshly made_82, 86, 103, 108

XIPO ART STUDIO
IMOLA - BOLOGNA
xipo@xipo.it
www.xipo.it
Freshly made_114

ZANNI LORENZA
MODENA
doppiazeta@libero.it
Freshly made_102, 108

**ZEROKILOWATT
DI CRISTIANO ANDREANI**
COLBORDOLO
- PESARO E URBINO
cristiano@zerokilowatt.com
www.zerokilowatt.com
Freshly made_64, 81, 84, 85, 92, 93, 102
Lifting_223

ZETALAB
MILANO
info@zetalab.com
www.zetalab.com
Freshly made_58, 59, 104, 105, 113, 116, 170, 175, 178, 182
Lifting_207